高等职业教育新形态一体化规划教材
（汽车机电技术系列）

汽车维护与保养

主　编　谭小锋　关云霞
副主编　张　彬
参　编　王云蕾　刘琳娇　刘红强
　　　　刘　威　徐道发　缑庆伟

机械工业出版社

本书涉及的汽车维护项目较为全面，包括汽车维护基础、发动机润滑系统的检查与维护、发动机冷却系统的检查与维护、发动机带传动及链传动装置的检查与维护、汽车传动系统的检查与维护、汽车底盘的检查与维护、汽车电源和起动系统的检查与维护、照明系统的检查与维护、点火系统的检查与维护和汽车的定期维护。学习工作页包括知识工作页和实训工作页，可供学习相关知识和实习指导用。

本书可作为高职高专、中职中专院校汽车类专业教材，也可作为广大汽车爱好者汽车维护保养方面的参考书。

本书配有电子课件，凡使用本书作为教材的老师可以登录机械工业出版社教育服务网 www.cmpedu.com 注册后免费下载。咨询电话 010-88379375。

图书在版编目（CIP）数据

汽车维护与保养/谭小锋，关云霞主编. —北京：机械工业出版社，2018.3

高等职业教育新形态一体化规划教材. 汽车机电技术系列

ISBN 978-7-111-59381-2

Ⅰ.①汽… Ⅱ.①谭… ②关… Ⅲ.①汽车-车辆修理-高等职业教育-教材②汽车-车辆保养-高等职业教育-教材 Ⅳ.①U472

中国版本图书馆CIP数据核字（2018）第047839号

机械工业出版社（北京市百万庄大街22号 邮政编码100037）
策划编辑：蓝伙金 责任编辑：张双国 蓝伙金 责任校对：刘秀芝
封面设计：鞠 杨 责任印制：李 昂
河北鹏盛贤印刷有限公司印刷
2018年5月第1版第1次印刷
184mm×260mm·11.5印张·268千字
0001—3000册
标准书号：ISBN 978-7-111-59381-2
定价：49.80元

凡购本书，如有缺页、倒页、脱页，由本社发行部调换

电话服务	网络服务
服务咨询热线：010-88379833	机工官网：www.cmpbook.com
读者购书热线：010-88379649	机工官博：weibo.com/cmp1952
	教育服务网：www.cmpedu.com
封面无防伪标均为盗版	金 书 网：www.golden-book.com

出版说明

教育部《关于全面提高高等职业教育教学质量的若干意见》指出，高职教育改革教学方法和手段应融"教、学、做"于一体，强化学生能力培养的教学模式，代表了高职教学改革的发展方向。

教材是教学过程的主要载体，加强教材建设是深化教学改革的有效途径，推进人才培养模式改革的重要条件，也是保障教学基本质量、培养高端技能型人才和技术应用型人才的重要基础。

本套教材是作者团队结合多年的教学经验、德国双元制教育模式和理念创作完成的，借鉴了德国汽车职业教育的理念和培养模式，理论与实践相结合，具有很强的实践性、实用性，实现了德国双元制教育的本土化。

1. 培养目标说明

从职业分析入手，对职业岗位进行能力分解（包括倾听客户抱怨，技术咨询，接修检测，专业工具和仪器设备操作，故障诊断，维修保养），确定高职汽车检测与维修技术专业的培养目标是面向汽车"后市场"，培养具有与本专业相适应的水平和良好的职业素养，掌握一定的专业理论知识，具备本专业的理论知识、实践技能以及较强的实际工作能力和经营管理能力，德、智、体、美等方面全面发展的高等技术应用型人才。

（1）一般能力　包括智商和情商，智商包括记忆力、思维能力、逻辑推理能力、空间想象能力、表达能力等；情商包括情绪控制能力、自我控制能力和人际交往能力。

（2）专业技能　专业技能主要通过专业课学习、培训开发转化而成，专业课应以岗位工作任务为依据，以项目为导向、任务驱动为原则构建教学内容，采取"教、学、做"一体化来开展教学活动，并重视通过校企合作、工学交替、顶岗实习等人才培养模式改革来培养和提高专业技能。

① 一般专业能力是应用能力、汽车阅读能力、汽车驾驶能力。

② 核心专业能力是汽车拆装、检查、修理能力，汽车故障诊断能力，汽车性能检测能力，汽车维修企业管理能力。

（3）综合能力　综合能力是一般能力和专业技能的综合运用能力，是解决复杂问题的能力，既涉及特定的专业综合能力，又涉及跨专业的职业核心能力。

1）专业综合能力。

① 专业地使用有关维修工具、诊断系统、测量仪、信息系统。

② 能按照电路图和工作说明进行操作作业，会选取材料和备件并完成订购过程；熟练地拆卸和安装部件和总成，并对不同部件进行维修。维修时，采取质量保证措施。保持工位的有序（5A）和整洁（5S）。

③ 能独立制订工作计划并实施，使工作过程可视化。遵守有关工作、安全规定和环保法规。能够查找资料与文献以取得有用的知识。

④ 能处理优惠和索赔委托任务。

2）专业的职业核心能力。跨专业的职业核心能力包括信息处理能力、沟通能力、组织协调能力和创新能力。

① 信息处理能力，即对信息的识别、整合和加工的能力。

② 沟通能力，即人在交往过程中所表现出来的联络与协调能力。

③ 组织协调能力，即从工作任务出发，对资源进行分配、调控、激励、协调以实现工作目标的能力。

④ 创新能力，即创新事物、新方法的能力。近年来我国大力提倡要培养具有创新精神、创新意识和创新能力的人才，有必要在有关课程和教学活动中引导、培养创新创业、技改意识和能力，培养勤用脑、多用手、大胆想、敢突破的创新精神和能力。

2. 资源说明

这套教材是围绕职业教育"教、学、做"3个服务维度开发的，每本教材由主教材和学习工作页组成。主教材部分主要由构造、原理和检修内容组成，课后习题包括填空题、判断题、选择题和回答题以及工作任务步骤题，以此评价学习是否达标；学习工作页部分包括知识工作页和实训工作页两部分，知识工作页注重理论知识的复习和扩展，实训工作页注重流程和方法。

本套教材在内容选材、编写、呈现方式等多方面加强精品化建设，采用彩色印刷，同时配有电子课件、微视频/动画、习题答案等教学资源，为教、学、练提供便利。

纸质教材　包括主教材+学习工作页，采用彩色印刷，融"教、学、做"于一体。

电子课件　供教师上课、学生课前预习和课后复习使用，可以登录机械工业出版社教育服务网 www.cmpedu.com 注册后免费下载。咨询电话 010-88379375。

微视频/动画　对于课本中的部分重点难点，以视频形式给予讲解，读者可以用手机或平板电脑扫描书中二维码链接观看。

习题答案　每个项目的课后习题都配有习题解答，供做作业时参考。

机械工业出版社

前言

当今,汽车企业对人才的需要更突出了对动手能力的要求,为了更好地满足现代汽车企业对人才的需求,教学一线的老师和企业一线的相关技术人员共同编写了本书。

"汽车维护与保养"是各大高职高专以及中职中专院校汽车类专业必开的一门课程。本书从专业教育的特点和要求出发,打破了传统教材的编写方式,通过具体实例把汽车维护操作流程和操作要求清晰地展现给读者。

本书具有以下特点:

1. 以工作任务导向,围绕工作任务聚焦知识和技能,向读者介绍了汽车各部分的构造、工作原理和维护方法,在此基础之上,每个维护任务都有一个原厂汽车维护案例资料。

2. 结合课程特点实行理实一体化教学编排,每个任务都配有相应的学习工作页,其中知识工作页以多种形式让读者复习和提高理论知识;实训工作页在理论联系实际过程中,全面培养知识、技能和情感,提高专业能力、团队协作精神和安全环保意识等。

3. 编入了近几年出现的汽车新技术,如自适应照明系统的结构及其检查维护,使读者可以学习到汽车维护保养的新技术、新技能。

4. 为了增加本书的趣味性,每个工作任务都有一个与任务相关的小知识,用来扩展读者的知识范围。

5. 在重要知识点和需要拓展的知识点上,插入了二维码,扫描二维码可以看到相应的视频。

本课程建议 64~86 学时,具体学时分配见下表。

"汽车维护与保养"课程学时分配表

序号	项目	工作任务	学时
1	汽车维护基础	1.1 汽车维护场所和日常维护范围	2
		1.2 汽车 4S 店 5S 管理规范	2
		1.3 汽车维护常用工具及设备	2
		1.4 宝来轿车维护基础	1

（续）

序号	项 目	工 作 任 务	学时
2	发动机润滑系统的检查与维护	2.1 发动机润滑系统的结构与工作原理	2
		2.2 发动机润滑系统的检查与维护	2
		2.3 迈腾轿车发动机机油更换作业	2
		2.4 小知识——全合成机油和半合成机油	1
3	发动机冷却系统的检查与维护	3.1 发动机冷却系统的分类及结构、工作原理	2
		3.2 冷却系统的检查与维护	2
		3.3 宝来轿车冷却系统的检查与维护	2
		3.4 小知识——风冷发动机和水冷发动机的区别	1
4	发动机带传动及链传动装置的检查与维护	4.1 发动机带传动装置的检查与维护	2
		4.2 发动机链传动装置的检查与维护	2
		4.3 大众速腾轿车正时带的更换	2
		4.4 小知识——正时带与正时链条的比较	1
5	汽车传动系统的检查与维护	5.1 离合器的检查与维护	2
		5.2 自动变速器的检查与维护	2
		5.3 大众 NMS 自动变速器油和滤清器的更换	2
		5.4 小知识——自动变速器分类	1
6	汽车底盘的检查与维护	6.1 汽车转向系统的检查与维护	2
		6.2 风云 2 轿车动力转向液的检查和更换	2
		6.3 迈腾轿车转向系统的检查	2
		6.4 轮胎的检查与维护	2
		6.5 迈腾轿车轮胎的检查	2
		6.6 制动系统的检查与维护	2
		6.7 迈腾轿车制动系统的检查与维护	2
		6.8 小知识——电控制动技术和制动新材料	1
7	汽车电源和起动系统的检查与维护	7.1 汽车电源系统的检查与维护	2
		7.2 大众 CC 轿车蓄电池接线端的检查	2
		7.3 小知识——新颖但有实用前景的电池技术	1
		7.4 汽车起动系统的检查与维护	2
		7.5 大众 CC 轿车起动机的检查与拆装	2
		7.6 小知识——易损坏起动机的驾驶行为	1
8	照明系统的检查与维护	8.1 汽车照明系统的结构与工作原理	2
		8.2 照明系统的检查与维护方法	2
		8.3 大众宝来轿车照明系统的检查	2
		8.4 自适应前照明系统的结构与工作原理	2
		8.5 大众 CC 轿车静态随动转向灯和辅助行车灯检查	2
		8.6 小知识——汽车灯光技术的发展	1

（续）

序号	项目	工作任务	学时
9	点火系统的检查与维护	9.1 点火系统的结构与工作原理	2
		9.2 点火系统的检查与维护方法	2
		9.3 大众迈腾轿车更换火花塞作业	3
		9.4 小知识——起停系统	1
10	汽车的定期维护	10.1 常用汽车定期维护材料	2
		10.2 大众CC轿车的定期维护	2
		10.3 小知识——汽车的定期保养与厂家质保	1
合 计			84

本书由北京劳动保障职业学院谭小锋、北京吉利学院关云霞任主编，张彬任副主编，参加本书编写的还有北京吉利学院的王云蕾、徐道发，北京劳动保障职业学院的刘红强、刘威，北京交通职业运输职业学院的缑庆伟、刘琳娇。

本书借鉴了大量的相关资料，在此向所有参考资料的作者表示感谢。

由于编者水平有限，书中难免存在疏漏和不当之处，敬请读者和业内专家给予批评指正。

编　者

目录

出版说明
前言

项目一　汽车维护基础 ·················· 1
1.1　汽车维护场所和日常维护范围 ········ 1
1.2　汽车4S店5S管理规范 ················ 4
1.3　汽车维护常用工具及设备 ············ 7
1.4　宝来轿车维护基础 ···················· 11
课后习题 ·· 13

项目二　发动机润滑系统的检查与
　　　　维护 ································ 16
2.1　发动机润滑系统的结构与工作原理 ···· 16
2.2　发动机润滑系统的检查与维护 ········ 18
2.3　迈腾轿车发动机机油更换作业 ········ 22
2.4　小知识——全合成机油和半合成机油 ··· 23
课后习题 ·· 24

项目三　发动机冷却系统的检查与
　　　　维护 ································ 26
3.1　发动机冷却系统的分类及结构、工作
　　　原理 ······································ 26
3.2　冷却系统的检查与维护 ················ 29
3.3　宝来轿车冷却系统的检查与维护 ······ 31
3.4　小知识——风冷发动机和水冷发动机的
　　　区别 ······································ 33
课后习题 ·· 34

项目四　发动机带传动及链传动装置的
　　　　检查与维护 ························ 36
4.1　发动机带传动装置的检查与维护 ······ 36
4.2　发动机链传动装置的检查与维护 ······ 41
4.3　大众速腾轿车正时带的更换 ·········· 42
4.4　小知识——正时带与正时链条的比较 ··· 45
课后习题 ·· 46

项目五　汽车传动系统的检查与维护 ······ 47
5.1　离合器的检查与维护 ·················· 47
5.2　自动变速器的检查与维护 ············ 49
5.3　大众NMS自动变速器油和滤清器的
　　　更换 ······································ 50
5.4　小知识——自动变速器分类 ·········· 52
课后习题 ·· 54

项目六　汽车底盘的检查与维护 ·········· 55
6.1　汽车转向系统的检查与维护 ·········· 55
6.2　风云2轿车动力转向液的检查和更换 ··· 58
6.3　迈腾轿车转向系统的检查 ············ 59
6.4　轮胎的检查与维护 ···················· 60
6.5　迈腾轿车轮胎的检查 ·················· 64
6.6　制动系统的检查与维护 ················ 65
6.7　迈腾轿车制动系统的检查与维护 ······ 68
6.8　小知识——电控制动技术和制动
　　　新材料 ·································· 70
课后习题 ·· 71

项目七　汽车电源和起动系统的检查与
　　　　维护 ································ 73
7.1　汽车电源系统的检查与维护 ·········· 73
7.2　大众CC轿车蓄电池接线端的检查 ···· 76
7.3　小知识——新颖但有实用前景的电池
　　　技术 ······································ 77
7.4　汽车起动系统的检查与维护 ·········· 78
7.5　大众CC轿车起动机的检查与拆装 ···· 82
7.6　小知识——易损坏起动机的驾驶行为 ··· 83
课后习题 ·· 84

项目八　照明系统的检查与维护 ·········· 85
8.1　汽车照明系统的结构与工作原理 ······ 85
8.2　照明系统的检查与维护方法 ·········· 88

8.3 大众宝来轿车照明系统的检查 ……… 89
8.4 自适应前照明系统的结构与工作原理 … 91
8.5 大众 CC 轿车静态随动转向灯和辅助
　　行车灯检查 …………………………… 93
8.6 小知识——汽车灯光技术的发展 ……… 95
　　课后习题 …………………………………… 99

项目九　点火系统的检查与维护 ……… 100
9.1 点火系统的结构与工作原理 …………… 100
9.2 点火系统的检查与维护方法 …………… 102
9.3 大众迈腾轿车更换火花塞作业 ………… 104

9.4 小知识——起停系统 …………………… 105
　　课后习题 ………………………………… 109

项目十　汽车的定期维护 ……………… 111
10.1 常用汽车定期维护材料 ……………… 111
10.2 大众 CC 轿车的定期维护 …………… 116
10.3 小知识——汽车的定期保养与厂家
　　　质保 …………………………………… 120
　　课后习题 ………………………………… 121

参考文献 …………………………………… 122

项目一

汽车维护基础

> **引言**
>
> 　　汽车维护工作通常是在汽车销售服务中心（4S店）的售后部门进行的，作为汽车维护的相关工作人员应当了解汽车销售服务中心的基本组织架构、特征，了解维护保养工作场所的特点、汽车维护的工具和设备。同样，进行汽车维修保养最基本的要求是了解汽车的基本结构、组成及分类，掌握汽车各组成部分的作用和特点。
>
> **学习目标**
>
> 1. 了解汽车销售服务中心的功能、组织结构。
> 2. 了解汽车销售服务中心的性质、特点、管理理念等。
> 3. 了解常用汽车维护工具和设备的使用方法。

1.1 汽车维护场所和日常维护范围

1. 汽车销售服务中心的功能

　　汽车销售服务中心就是通常所说的4S店，也包括一些二手汽车销售市场。汽车4S店是一种以"四位一体"为核心的汽车特许经营模式。4S的含义如图1-1所示。4S店具有统一的外观（图1-2）、统一的标识、统一的管理标准、只经营单一品牌等特点，是一种个性突出的有形市场，具有渠道一致性和统一的文化理念。

　　4S店在提升汽车品牌、汽车生产企业形象上具有明显的优势。4S店就是汽车厂家为了满足客户在服务方面的需求而推出的一种业务模式，它的核心含义是"汽车终身服务解决方案"。如果汽车经销商有一批优秀的团队为汽车4S店服务，做好售前、售中、售后服务，既有利于4S店的顺利运营，也可以作为核心竞争力与厂家进行谈判，为取得产品的代理权打下良好的基础。

　　（1）汽车销售服务中心的组织结构　为了使汽车销售服务中心所有员工都能正确对待客户，充分满足客户的需求，要求每位员工都必须了解企业的组织结构，这样在遇到特殊问题时才能找到相应负责人或将客户引到正确的岗位。

　　组织结构是汽车销售服务中心运行的基本框架。它规定了中心内部运行的各责任部门和分配员工的任务，进而规定了哪些岗位对某些方面可以做出指导并对此负有责任。汽车销售服务中心的组织结构如图1-3所示。

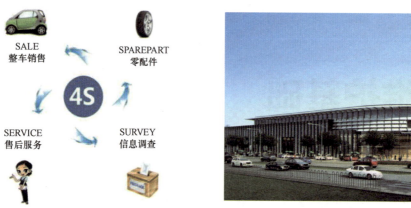

图 1-1 4S 的含义　　　　　　　图 1-2 4S 店的外观

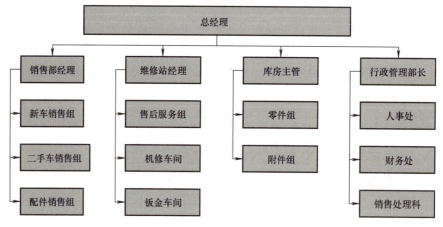

图 1-3 汽车销售服务中心的组织结构

（2）汽车销售服务中心的岗位职能　企业的工作任务按部分任务或职能分为业务领域、部门、小组、团队和岗位，具体分工和职能见表 1-1。

表 1-1 企业不同业务领域的分工和职能

业务领域	职　能
企业领导	制订经销商企业目标并确立经营政策,主要任务： 1）企业运营 2）策划和组织 3）控制
销售	使车辆销售额最大化： 1）新车,包括租赁业务 2）二手车 3）车辆交付
售后服务	连接客户与维修站的主要接口： 1）客户的维修接待和技术咨询 2）车辆交付客户
车辆维修站	准时且无误地完成所有维修车间的工作： 1）维修,包括钣金工作 2）维护 3）车辆变更（改装、附件安装等）

(续)

业务领域	职能
零件库房	管理配件和附件品种： 1) 库存、订货、入库和监控 2) 交付配件和附件给维修站 3) 向客户销售配件和附件
管理规划	处理所有商务事宜： 1) 会计，包括营运分析 2) 处理经销商组织事务 3) 工资和薪金结算 4) 与税务顾问合作

2. 汽车的日常维护范围

(1) 日常维护的重要性和必要性　车辆维护讲究"七分养三分修"，即车辆在全寿命使用过程中应做到经常检查、定期保养，对问题早发现、早解决，达到以保代修，甚至终身不大修的目的。汽车保养得好，既能保持汽车美观、舒适，延长使用寿命，更重要的是能确保安全，减少维修费用。加强汽车日常的保养与保养是一件不容忽视的事情，需坚持不懈地做好，并养成良好的用车习惯。

要保持良好的车况，日常维护与保养必不可少，特别是车辆的制动、转向及轮胎的技术性能，灯光、喇叭、后视镜齐全有效，各种油料、冷却液、制动液都要保持正常等。这些都是驾驶人每次出车前应检查的，千万不能粗心大意、掉以轻心，一旦上路出现故障，将给自己带来不必要的麻烦，万一出现事故，后果就不堪设想。

(2) 日常维护与保养制度　我国汽车保养制度的原则是"预防为主、定期检测、强制维护"。维护，顾名思义，就是维护和养护，其中养护是保障车辆技术性能的前提，而维修则是最后的措施。不论什么类型的车辆，要想保持良好的技术状态，都需要保养好、护理好。随着我国汽车制造业的发展进步，制造工艺、材料等都有了质的提高。日常维护是每日出车前、行车中、收车后由驾驶人负责执行的车辆维护作业，其中心内容是清洁、补给和安全、检视；一级维护是由驾驶人和维修工负责的维护作业，除日常维护作业外，以清洁、润滑、紧固为主，检查制动，转向等安全部件；二级维护是由维修企业进行的作业。由此可见，日常维护和一级维护基本上是由驾驶人全部承担或以驾驶人为主的作业。汽车日常维护制度示意图如图1-4所示。

(3) 日常维护的主要内容　做好车辆的日常维护与保养，主要是坚持"三检"、保持"四清"和防止"四漏"。坚持"三检"，即出车前、行车中、收车后检视车辆的安全机构及各部件的连接紧固情况；保持"四清"，即保持机油、空气、燃油滤清器和蓄电池的清洁；防止"四漏"，即防止漏水、漏油、漏气、漏电，保持车容整洁。

图 1-4　汽车日常维护制度示意图

1.2　汽车 4S 店 5S 管理规范

1. 5S 简介

5S 就是整理（Seiri）、整顿（Seiton）、清扫（Seiso）、清洁（Seiketsu）、素养（Shitsuke）5 个项目。5S 示意图如图 1-5 所示。

5S 起源于日本，通过规范现场、现物，营造一目了然的工作环境，培养员工良好的工作习惯，最终目的是提升人的品质。

2. 5 个 S 的定义及其目的

1S——整理

定义：将生产现场的各种物品进行彻底清理，把区分出的无用物品清除出现场，妥善加以处理。

目的：改善和增加作业面积，确保生产安全，提高工作效率，减少质量事故的发生率。

2S——整顿

定义：把整理后留下的物品依规定定位、定方法摆放整齐，明确数量，明确标示。

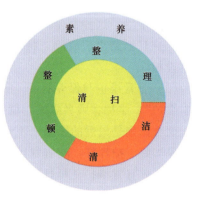

图 1-5　5S 示意图

目的：经过整顿后，留下的物品安置在能发挥作用的场所，使现场管理处于稳定、有序状态。

3S——清扫

定义：清除工作区内的脏污，并防止污染的发生。

目的：消除"脏污"，保持工作区的环境卫生。

4S——清洁

定义：将整理、整顿、清扫实施的做法制度化，规范化，维持其成果。

目的：通过制度化来维持成果。

5S——素养

定义：培养文明礼貌习惯，按规定行事，养成良好的工作习惯。

目的：提升"人员的品质"，成为对任何工作都认真的人。

3. 5S活动中员工的责任

1）自己的工作环境须不断整理、整顿，物品、材料及资料不可乱放，如图1-6所示。

2）不用的东西要立即处理，不可使其占用作业空间。

3）通路必须经常保持清洁和畅通。

4）物品、工具及文件等要放置于规定场所。

5）灭火器、配电盘、开关箱、电动机、冷气机等周围要时刻保持清洁，如图1-7所示。

图1-6　资料的整理

图1-7　灭火器的清洁

6）物品、设备要仔细、正确、安全摆放，较大、较重的放在下层。

7）保管的工具、设备及所负责的责任区要整理。

8）纸屑、布屑、材料屑等要集中于规定场所。

9）不断清扫，保持清洁。

10）注意上级的指示，并加以配合。

4. 5S检核内容

1）现场摆放物品，如原物料、成品、半成品、余料、垃圾等定时清理，区分要用与不要用的。

2）物料架、模具架、工具架等正确使用与清理。

3）桌面及抽屉定时清理。

4）材料或废料、余料等放置清楚。

5）模具、夹具、计测器、工具等正确使用，摆放整齐。

6）机器上不摆放不必要的物品、工具或未摆放牢靠。

7）非立即需要或过期（如3天以上）资料、物品入柜管理或废弃。

8）茶杯、私人用品及衣物等定位摆放（图1-8）。

图 1-8　私人物品摆放整齐

9）资料、保养卡、点检表定期记录，定位放置。

10）手推车、小拖车、置料车、架模车等定位放置。

11）塑料篮、铁箱、纸箱等搬运箱桶摆放整齐、定位。

12）润滑油、切削油、清洁剂等用品定位、标示。

13）作业场所予以划分，并加注场所名称。

14）消耗品（如抹布、手套、扫把等）定位摆放，定量管理。

15）加工中材料、待检材料、成品、半成品等堆放整齐。

16）通道、走道保持畅通，通道内不得摆放或堆放任何物品（如电线、手推车）。

17）所有生产用工具、夹具、零件等定位摆设，如图1-9所示。

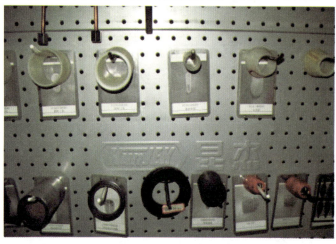

图 1-9　工具摆放整齐

18）划定位置摆放不合格品、破损品及使用频率低的物品。

19）易燃物品如沾有油的抹布等定位摆放，尽可能隔离。

20）目前或短期生产不用的物品收拾定位。

21）个人离开工作岗位时，物品整齐放置。

22）动力供给系统加设防护物和警告牌。

23）下班前确实打扫、收拾。

24）扫除垃圾、纸屑、烟蒂、塑胶袋、破布等。

25）清理擦拭机器设备、工作台、门、窗等。

26）废料、余料等随时清理（图1-10）。

27）清除地上、作业区的油污。

28）垃圾箱、桶内外清扫干净。

29）蜘蛛网的打扫。

图1-10　废料的整理

30）工作环境随时保持整洁干净。

31）长期不用（如1个月以上）的物品、材料、设备等加盖防尘。

32）地上、门窗、墙壁保持清洁。

33）墙壁油漆剥落或地上画线油漆剥落需及时修补。

34）遵守作息时间（不迟到、早退、无故缺席）。

35）工作态度是否良好（如有无聊天、说笑、离开工作岗位、呆坐、看小说、打瞌睡、吃东西等）。

36）服装穿戴整齐。

37）管理人员能确实督导部属，部属能自发工作。

图1-11　卫生间的清洁

38）使用公物时，能确实归位，并保持清洁（如卫生间等的使用），如图1-11所示。

39）停工前确实打扫和整理。

40）遵照工厂的规定做事，不违背厂规。

1.3　汽车维护常用工具及设备

1. 通用工具

通用工具有锤子、螺钉旋具、钳子、扳手等。

（1）锤子　常用的锤子有铁锤和橡皮锤。

铁锤：提供大的敲击力。

橡皮锤：主要目的是保护被敲击部件，但是不适合敲击间隙表面。

（2）螺钉旋具　俗称螺丝刀（改锥），是用来拧紧或旋松带槽螺钉的工具，分为一字型和十字型两种。

注意：不能当作錾子用，不能当作撬棍用。

（3）钳子　钳子种类很多，汽车维修常用鲤鱼钳和尖嘴钳两种。

1）鲤鱼钳。如图1-12所示，可用来夹持扁的或圆柱形零件，带刃口的可以切断金属。

注意：不能用钳子拧转螺栓或螺母，不能当作撬棍用，不能当作锤子用。

2) 尖嘴钳。如图 1-13 所示，用于在狭小地方夹持零件。

（4）扳手　用于拆装有棱角的螺栓和螺母。汽车维修常用的扳手有呆扳手、梅花扳手、套筒扳手、活扳手、扭力扳手和特种扳手。

图 1-12　鲤鱼钳

1) 呆扳手：呆扳手开口宽度 6~24mm 范围内有 6 件和 8 件两种，适用于拆装一般标准规格的螺栓和螺母，如图 1-14 所示。

图 1-13　尖嘴钳

图 1-14　呆扳手

2) 梅花扳手。梅花扳手适用于拆装 5~27mm 范围内的螺栓和螺母。每套梅花扳手有 6 件和 8 件两种，如图 1-15 所示。

梅花扳手两端似套筒，有 12 个角，工作时不易滑脱。

3) 套筒扳手。套筒扳手每套有 13 件、17 件、24 件 3 种，适用于由于位置所限，普通扳手不能工作的地方拆装某些螺栓和螺母。拆装螺栓或螺母时，可根据需要选用不同的套筒和手柄，如图 1-16 所示。

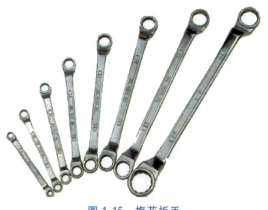

图 1-15　梅花扳手

图 1-16　套筒扳手

4) 活扳手。活扳手的开度可以自由调节。

5) 扭力扳手。扭力扳手用来配合套筒拧紧螺栓或螺母。在汽车维修作业中，扭力扳手是不可缺少的,如气缸盖螺栓、曲轴轴承螺栓等的紧固都需使用扭力扳手。预置力式扭力扳手如图1-17所示,指针式扭力扳手如图1-18所示。

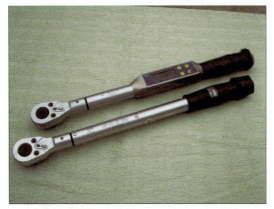

图1-17 预置力式扭力扳手

图1-18 指针式扭力扳手

6)特种扳手。特种扳手又称棘轮扳手,如图1-19所示。特种扳手应配合套筒扳手使用,一般用于在狭窄的地方拧紧或拆卸螺栓和螺母,它可以不改变扳手角度就能拆卸或装配螺栓或螺母。

使用方法:揿住顶部弹销,套上套头(套筒扳手)。

2. 专用工具

汽车维修常用的专用工具有火花塞套筒、活塞环装卸钳、气门弹簧装卸钳、黄油枪、千斤顶等。

(1)火花塞套筒 如图1-20所示,它用于拆装发动机火花塞。

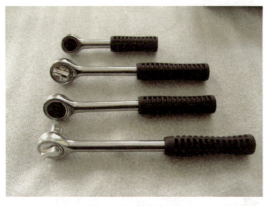

图1-19 棘轮扳手

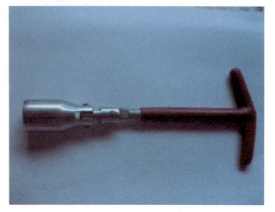

图1-20 火花塞套筒

(2)活塞环装卸钳 如图1-21所示,它用于装卸发动机活塞环,避免活塞环受力不均匀而折断。

使用时,将活塞环装卸钳卡住活塞环开口,轻握手柄,慢慢收缩,活塞环就慢慢张开,从而装入或拆出活塞环槽。

(3)气门弹簧装卸钳 气门弹簧装卸钳如图1-22所示

拆下气门弹簧时,应先把气门弹簧装卸钳的钳口收缩到最小位置,并从气门弹簧座下部插入,然后用一只手旋转螺栓手柄,使两钳口贴紧气门弹簧座而伸张;另一只手则向前撑持压牢,防止滑出。由于两钳口伸张,气门弹簧受压缩短,则可取出锁销或锁块,从而将气门弹簧拆出。

安装气门弹簧时,步骤与上述相反,即在气门弹簧装卸钳的两钳口伸张时,装上锁销或锁块,然后旋松手柄,取下气门弹簧装卸钳。

图 1-21 活塞环装卸钳　　　　　　　　图 1-22 气门弹簧装卸钳

(4) 黄油枪 黄油枪如图 1-23 所示

黄油枪的操作方法如下:

1) 旋开枪头,使枪头与枪筒分开。

2) 将枪筒的开口部分浸入桶装黄油里,大约浸入 30mm 时,一手紧握枪筒,另一手向后拉动筒尾部的从动把手将黄油吸入枪筒内。

3) 装上枪头,按住枪筒尾部的锁定片并将从动把手推入枪筒内。

(5) 千斤顶 千斤顶如图 1-24 所示,分为螺旋千斤顶、液压千斤顶和液压举升器。汽车常用液压千斤顶的举升力为 3t、5t、8t 等。

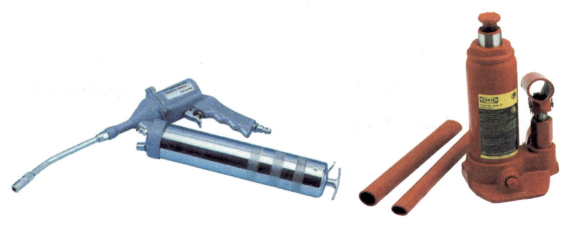

图 1-23 黄油枪　　　　　　　　　　　图 1-24 千斤顶

千斤顶的使用注意事项:

1) 在松软路面上使用时,应在千斤顶底下加垫木。

2) 举升时,千斤顶应与重物垂直对正。

3) 千斤顶未支牢前及回落时,禁止在车下工作。

4) 使用千斤顶时,应先把开关拧紧,放好千斤顶,对正被顶部位,压动手柄,将重物顶起；当落下千斤顶时，将开关慢慢旋开，重物就逐渐下降。

3. 常用设备

1）举升机：双柱、四柱举升机。
2）钣喷设备、烤漆房。
3）四轮定位仪。
4）解码器。
5）空气压缩机、气动工具。
6）机油收集器。
7）检测线及其他检测仪器。
8）轮胎设备工具、平衡仪。
9）美容清洗维护及空调设备。

1.4 宝来轿车维护基础

1. 举升机和千斤顶举升位置

（1）注意事项

1）将车辆驶上举升机前必须保证低垂的车辆部件和举升机之间有足够的间距。
2）将车辆驶上举升机前，必须确保车重不超出举升机允许的起重量。
3）为避免损坏汽车底板或使汽车倾斜，只允许在图 1-25 和图 1-26 所示的支撑点上举升汽车。
4）在举升汽车后，即便只有一个驱动轮还在地面上，也不得起动发动机或挂入档位。忽视此警告会有发生事故的危险。
5）如果要在汽车下作业，则必须用合适的垫块牢靠地支撑住汽车。

（2）举升机和维修厂汽车千斤顶的支撑点

1）前部支撑点：在下边梁标记区域内和在底板垂直加强件上（图 1-25）安装支撑盘。
2）后部支撑点：在下边梁标记区域内和底板垂直加强件上（图 1-26）安装支撑盘。

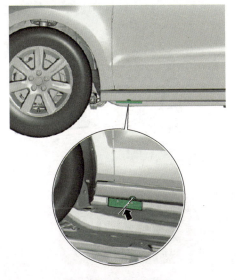
图 1-25　前部支撑点

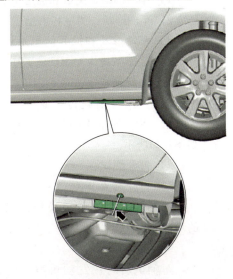
图 1-26　后部支撑点

2. 保养贴签

（1）贴上标签"您的首次保养" 在交车检查时，将标签"您的首次保养"粘贴在驾驶人侧的车门立柱（B柱）上，如图1-27所示。

（2）贴上标签"您的下次保养项目" 保养时，贴标签"您的下次保养项目"，在换油保养或检查保养上打叉（下次到期的）并填写日期/行驶里程。将标签贴在驾驶人侧的车门立柱（B柱）上，如图1-28所示。

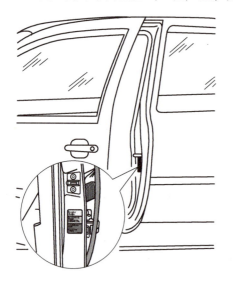

图1-27 首次保养标签

图1-28 下次保养项目标签

3. 连接诊断设备

连接汽车诊断、测量和信息系统 VAS5051 或者汽车诊断和保养信息系统 VAS5052，并选择功能。

所需要的专用工具和维修设备：

1）车辆诊断、测量和信息系统 VAS5051。
2）车辆诊断、测量和信息系统 VAS5051B。
3）车辆诊断和保养信息系统 VAS5052。
4）诊断系统 VAS5053。
5）诊断导线 VAS5051/6A。

按照下列步骤进行作业：

1）将诊断导线的插头插到诊断接口上，如图1-29所示。
2）打开测试仪。
3）打开点火开关。

依照屏幕上的显示操作，以便起动所需的功能。

4. 车辆识别码

车辆识别码在发动机舱上的位置如图1-30所示。

图1-29 连接诊断设备

车辆识别码在纵梁的延长件上的位置如图 1-31 所示。

图 1-30　车辆识别码在发动机舱上的位置

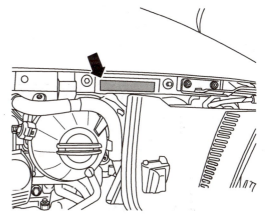

图 1-31　车辆识别码在纵梁延长件上的位置

车辆识别码的含义：

LFV	ZAZ	3C	7	B	3	006248
制造商符号	填充符号	型号	填充符号	年款 2011	生产车间	流水号

视频1
VIN码及其含义

5. 汽车铭牌

汽车铭牌位于发动机舱内左悬架支座上。汽车铭牌示例如图 1-32 所示。

图 1-32　汽车铭牌示例

课 后 习 题

一、填空题

1. ＿＿＿＿＿＿用起来对螺栓或螺母的棱角损坏程度小，但切勿用大力，以防扭断螺栓。
2. ＿＿＿＿＿＿使用灵活安全，可以任意组合。
3. ＿＿＿＿＿＿的开口尺寸在一定范围内可任意调节。
4. ＿＿＿＿＿＿可读出所施力矩大小。
5. 扳手的选用原则为＿＿＿＿＿＿＿＿＿＿＿＿＿＿＿。
6. 使用扳手时，应使拉力作用在＿＿＿＿＿＿＿＿的一边。
7. 除＿＿＿＿＿＿＿＿外，其他扳手都不能装加力杆。

8. 螺钉旋具型号规格的选择应以_____为原则，不可带电操作。
9. 使用螺钉旋具时应将_____顶在螺钉头部上，一边压着一边转动螺钉旋具。
10. 汽车的车辆识别码一般在_____可以找到。

二、填表

在表1-2中填出相应的工具名称。

表1-2 工具名称

工具	名称	工具	名称
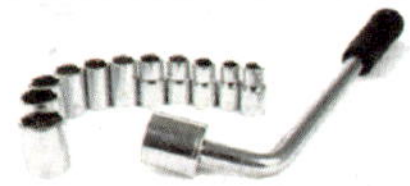			
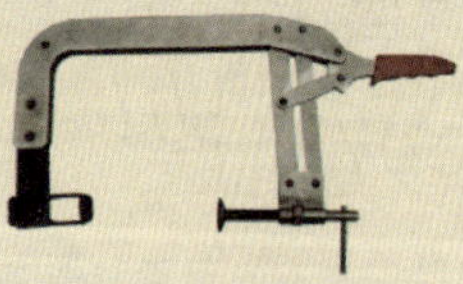		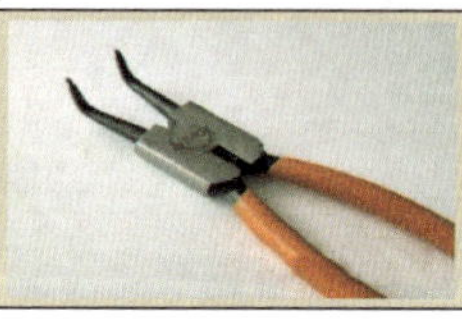	

		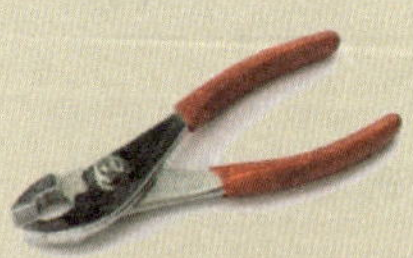	
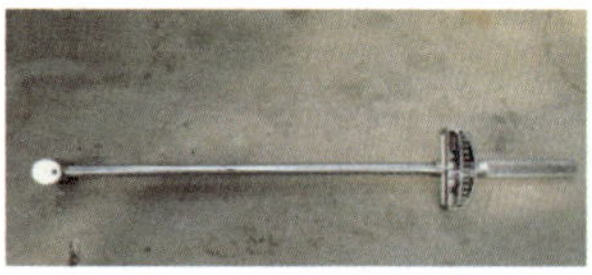			
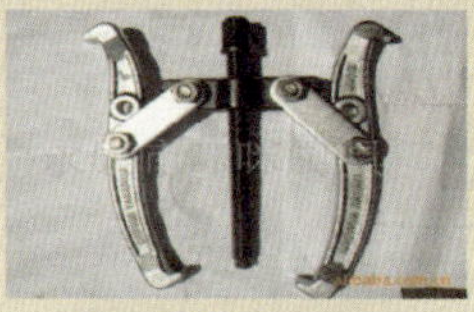		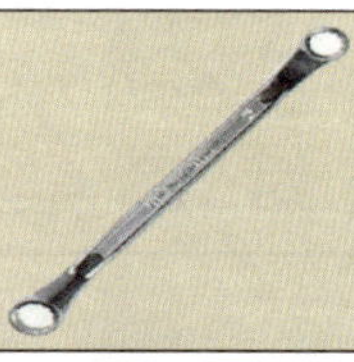	
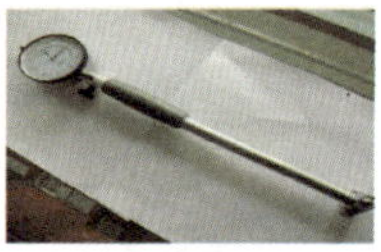		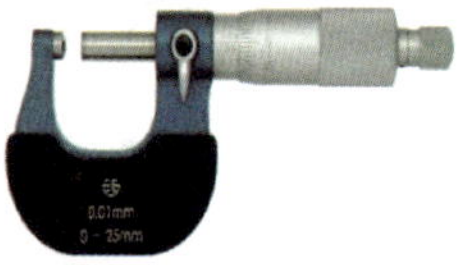	

三、读数

读出图 1-33 中工具的读数。

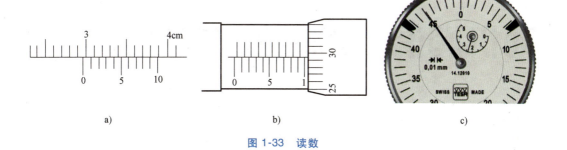

图 1-33 读数

项目二

发动机润滑系统的检查与维护

引言

发动机润滑系统的功用是向做相对运动的零件表面输送定量的、压力合适的、清洁的润滑油，通过在摩擦表面覆盖一层润滑油以实现液体摩擦，减小摩擦阻力，减轻机件的磨损，并对零件表面进行清洗和冷却，防止腐蚀生锈，从而延长发动机的使用寿命。润滑油在油缸和活塞之间形成油膜可以提高其密封性，有利于防止漏气，保证气缸正常压缩压力。

学习目标

1. 通过课前的知识准备深刻掌握发动机润滑系统的基本组成，包括机油泵、机油滤清器和机油冷却器的组成及原理。
2. 通过课堂的讲解，理解并掌握发动机润滑系统的工作原理、作用和润滑油的选择方法。
3. 能够检查和更换发动机机油及机油滤清器。

2.1 发动机润滑系统的结构与工作原理

1. 发动机润滑系统的结构

发动机润滑系统由机油泵、机油滤清器、机油冷却器等组成。此外，润滑系统还包括机油压力表、温度表和油道等，如图 2-1 所示。

2. 机油泵的种类和结构

机油泵的主要功用是保证机油在润滑系统内循环流动，并在发动机任何转速下都能以足够高的压力向润滑部位输送足够的机油。机油泵大体上分为齿轮式和转子式两种，齿轮式机油泵又分为内啮合齿轮式和外啮合齿轮式。

1）外啮合齿轮式机油泵。外啮合齿轮式机油泵工作时，主动齿轮带动从动齿轮反向转动。两齿轮转动时，充满在齿轮齿槽间的机油沿油泵壳壁由进油腔带到出油腔，在进油腔一侧由于齿轮脱开啮合以及机油被不断带出而产生真空，使油底壳内的机油在大气压力作用下进入进油腔，而在出油腔一侧由于齿轮进入啮合和机油被不断带入而产生挤压作用，机油以一定压力被泵出，如图 2-2 所示。

2）转子式机油泵。转子式机油泵由壳体、内转子、外转子和泵盖等组成。内转子用键或销子固定在转子轴上，由曲轴齿轮直接或间接驱动，内转子和外转子中心存在偏心距，内转子带动外转子一起沿同一方向转动。内转子有 4 个凸齿，外转子有 5 个凹齿，这

项目二 | 发动机润滑系统的检查与维护

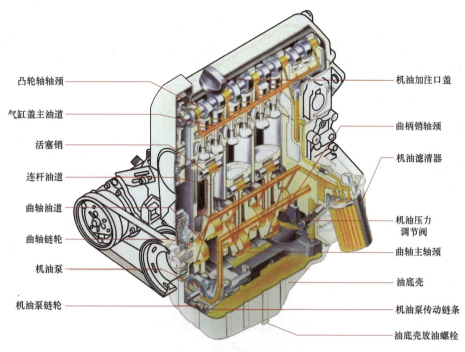

图 2-1 发动机润滑系统

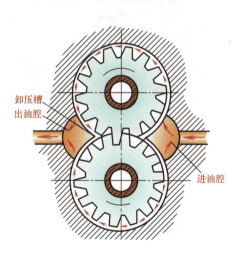

图 2-2 外啮合齿轮式机油泵泵油原理

视频2
发动机润滑系统

样内、外转子同向不同步地转动。转子式机油泵的基本组成如图 2-3 所示。

转子式机油泵的工作原理如图 2-4 所示。主动的内转子有 4 个凸齿，从动的外转子有 5 个内齿，外转子在壳体内可自由转动，内、外转子间有一定的偏心距。当内转子转动时，带动外转子一起旋转，无论转子转到任何角度，内、外转子每个齿的齿形轮廓线上总有接触点，于是内、外转子间便形成了 4 个工作腔。因为内、外转子的速比大于 1，所以外转子总是慢于内转子，且由于偏心距的存在，使工作腔的容积产生较大变化。当某一工作腔从进油腔转过时，容积增大，产生真空，机油便经进油孔被吸入。当该工作腔与出油腔相通时，腔内容积减小，油压升高，机油经出油孔压出。

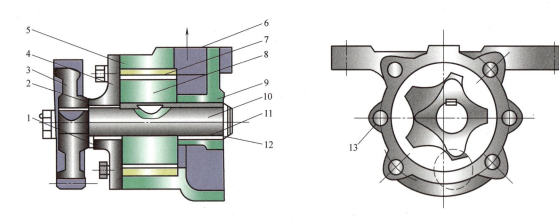

图 2-3 转子式机油泵的基本组成

1—推力轴承 2、11—轴套 3—驱动齿轮 4—泵盖 5、6—调整垫片 7—外转子
8—内转子 9—壳体 10—主动轴 12—卡环 13—定位销

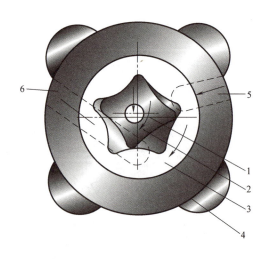

图 2-4 转子式机油泵的工作原理

1—主动轴 2—内转子 3—外转子
4—油泵壳体 5—进油腔 6—出油腔

2.2 发动机润滑系统的检查与维护

1. 发动机机油量的检查

1)检查前,应将车辆停放在水平地面上,起动发动机怠速运行,暖机过程要观察仪表板上冷却液温度表的显示,如图 2-5 所示,当冷却液温度上升至正常温度时,关闭发动机。

2)停止运转发动机,等待 3min 后,拔出机油尺擦干净,如图 2-6 所示,重新插入油尺并再次取出,记录油尺上记录的油面高度。

3)正确油面应在上位[F]和下位[L]或 min 与 max 之间,如图 2-7 所示。

4)用手捻搓机油尺上的机油,检查其黏度,以及有无汽油味和水泡等。

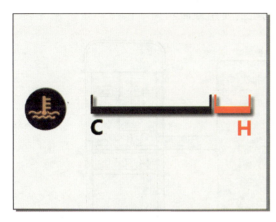

图 2-5 冷却液温度表的显示

图 2-6 发动机机油尺的位置

5）油面高度太高时，应及时查明原因并予以排除，其原因可能是冷却液或汽油进入曲轴箱。

2. 发动机机油的补充

如果油面低于［L］位置，在将油面过低原因排除后，可适当补充同牌号的发动机机油至正常油面高度。

（1）发动机机油的排放

1）将车辆停放在平整的地面上，起动发动机，进行发动机暖机。

2）关闭发动机，拉紧驻车制动器，打开发动机盖及机油加注口盖。

3）抬起车辆后，在放油塞下部放置废机油回收桶，按逆时针方向旋转放油螺塞，打开放油口，放出机油，如图 2-8 所示。

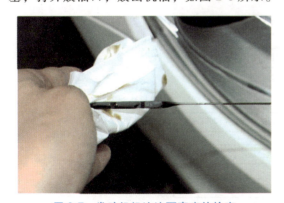

图 2-7 发动机机油油面高度的检查

图 2-8 旋转放油螺塞

4）放完机油后，更换放油螺塞密封垫，按顺时针方向拧紧放油螺塞。按照保养手册规定力矩拧紧放油螺塞。

（2）发动机润滑油道的清洗 发动机润滑油道可以进行简单清洗，向排净机油后的发动机注入标准油面容量 60%～70% 的稀机油或经过滤清的优质柴油，然后怠速运转 2～3min，再将洗涤油放尽。

在发动机清洁护理时，使用发动机润滑系统清洗机（图 2-9）可将发动机润滑系统内的油泥、积炭溶解并清理干净，以改善发动机机油品质，恢复发动机的性能，提高效率，减少有害气体排放，延长发动机的使用寿命。

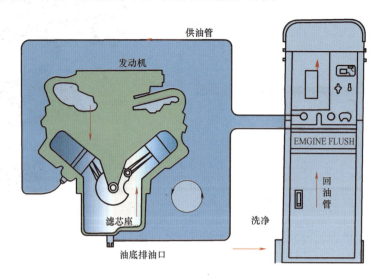

图 2-9　清洗机与发动机的连接

清洗方法与过程（图 2-10）：

1）将清洗液以 344.7kPa 压力打入机油口。
2）清洗液流经机油系统清除油泥、杂质微粒。
3）溶解的油泥、杂质微粒流至油底壳，由清洗机真空抽出清除。
4）清洗液冲洗掉机油泵及滤网上的金属屑。

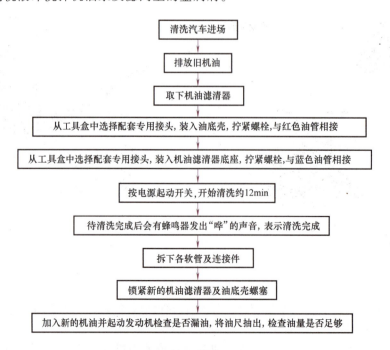

图 2-10　发动机润滑系统的清洗过程

3. 发动机机油滤清器的更换与机油的加注

在多尘路段行驶之后,应尽可能更换机油与机油滤清器。在排放发动机机油之前,应检查发动机机油是否泄漏。如果发现有泄漏,在着手下述工作之前,应更换损坏件。

(1) 机油滤清器的更换

1)用机油滤清器扳手(图2-11)拧松机油滤清器。

2)将发动机机油涂抹在新机油滤清器的O形环上。

图2-11 机油滤清器的拆卸

3)用手把新的机油滤清器拧在机油滤清器支座上,直到滤清器O形环与安装表面接触,再用专用工具将其拧紧。图2-12所示为滤芯式机油滤清器。

为了恰当地拧紧机油滤清器,注意识别滤清器O形环与安装表面初始接触的精确位置。

4)与安装表面接触后,用机油滤清器扳手把滤清器拧紧$\frac{3}{4}$圈。

(2) 机油的加注

1)从发动机机油加注口注入汽车制造商规定黏度的高品质发动机专用机油,直至油位达到机油尺上的满油位标记即可,如图2-13所示。需要注意的是,加注口在气缸盖罩顶部。

图2-12 滤芯式机油滤清器

图2-13 机油的加注

2)盖上发动机机油加注口盖,使发动机怠速空转5min后停止运转。隔3min后拔出机油尺,检查机油油位是否处在正常油位位置,如图2-14所示。需要注意的是,不足时再注油,油位超过最高油位标记时,需抽出过量机油。

图2-14 机油油位的检查

3）最后检查发动机油底壳放油螺塞、机油滤清器密封接口处是否有泄漏现象。如果有，可适当拧紧再运转发动机进行检查。若拧紧后泄漏还存在，则应查明原因并更换新件重新装配。

2.3 迈腾轿车发动机机油更换作业

1. 发动机舱内作业须知

在发动机舱内对发动机作业时，务必格外谨慎，必须遵守下列规定：

1）关闭发动机，拔出点火钥匙。
2）拉紧驻车制动手柄。
3）将变速杆切入空档或将变速杆挂入 P 位。
4）待发动机冷却，打开发动机舱盖。
5）更换或添加油液时，切勿加错油液，必须按系统功能添加品种及规格均正确的油液，否则，将导致严重的功能故障，损坏发动机。
6）车用油液对环境有害，因此，应定期检查汽车下的地面。若发现机油或其他液体污迹，则需到特许的经销商处检查汽车。

2. 发动机机油的选择

发动机机油的更换必须根据更换周期来进行，更换时建议使用 SE、SF、SG、SH 或 SJ 级的汽油机专用机油。按图 2-15 所示选择恰当的机油黏度。图中：-C 代表摄氏度（℃），-F 代表华氏度（℉），W 代表冬季适用。

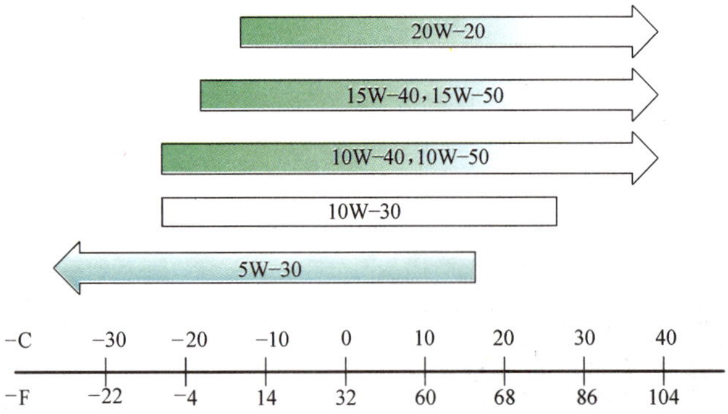

图 2-15 发动机机油黏度选择

3. 检查和添加油液

（1）检查发动机机油油位　机油尺用来指示机油油位。关闭发动机等待 10min，待机油全部流回油底壳后拔出机油尺，用干净抹布擦去油迹，重新插入机油尺，再次拔出即可测得准确的油面高度。具体操作如下：

1）将汽车停放在水平路面上。
2）阅读、理解并遵守打开发动机舱盖前的注意事项。
3）打开发动机舱盖。
4）拔出机油尺。
5）用干净抹布擦去机油尺上的油迹，重新将机油尺插入。
6）再次拔出机油尺，读取测得的机油油位，如图 2-16 所示。
7）视情况添加机油。

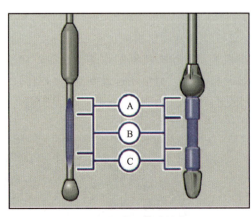

图 2-16 机油尺的油位指示

① 若油位处于 A 区，则不可加油。
② 若油位处于 B 区，则可以加油。
③ 若油位处于 C 区，则必须加油。
8）插入机油尺，并将其插到底。

发动机消耗一定量的机油是正常的，在额定工况下运转，不同车型的机油消耗量也不同，因此，必须定期检查机油油位，最好在添加燃油时和长途行驶前检查。

（2）添加发动机机油 添加发动机机油时应分多次少量加注，具体操作如下：

1）打开发动机舱盖前请务必阅读和遵守相关警告说明。

图 2-17 发动机机油加注口

2）拧下机油加注口盖，如图 2-17 所示。
3）加注少量规格正确的机油。

为避免加注后机油超量，每次应加注少量机油，用机油尺检查油位后，视油位再加注。

4）当油位到达 B 区时，装上并拧紧机油加注口盖。

4. 更换发动机机油的注意事项

处理废机油是一项专业性很强的工作，必须配备必要的专用工具和具备一定的专业知识，因此，建议由制造商特许的经销商更换机油和机油滤清器。

切勿将机油倒入下水道或随意倒在地上。

放出的机油应装在合适的容器内，容器应足以装下放出的机油。

2.4 小知识——全合成机油和半合成机油

汽车是一个由数万个零件组合在一起的机械，发动机零件之间的配合精度要求尤其高，这其中就难免产生摩擦力，机油的作用之一就是减少摩擦。此外，机油还有冷却降温、清洁、密封、防锈防蚀、减振缓冲等作用。

机油的分类：矿物油、全合成机油、半合成机油。

1. 矿物油

目前市场上的机油因其基础油的不同可简分为矿物油及合成机油两种。合成机油分为全合成机油及半合成机油两种。全合成机油是最高等级的。矿物油相对合成油而言，基础油强度较弱，需要用相对于合成机油较大的黏度才能达到高负荷时的润滑需求。

2. 全合成机油

合成机油桶上面都会标注"synthetic"字样。从严格意义上讲，全合成机油是 100%用 PAO（聚 α-烯烃）或者人工合成的酯类经过精心调配得到的高质量油品，有稳定性好、持久性长的特点，因此一般使用全合成机油的发动机换油周期可以延长到 7500～10000km。图 2-18 所示为金美孚 1 号全合成机油。

为什么要用全合成机油？

图 2-18 金美孚 1 号全合成机油

因为全合成机油的稳定性和抗衰能力是其他矿物油所不能比拟的，所以宝马或奔驰等一些高端品牌指定使用某某品牌全合成机油。尤其是带有发动机增压技术的车型，当增压部件开始工作时，发动机转矩会成倍增加，此时覆盖在发动机曲轴上的机油膜要承受着比先前高出数倍的剪切力，而品质较高的全合成机油就能完全满足油膜的要求。

3. 半合成机油

全合成机油是在第四类或第五类基础油的背景下添加配制而成的。半合成机油则是国际三类基础油调制而成的润滑油，是在矿物油的基础上经过加氢裂变技术提纯后的产物，它是由矿物油、全合成机油以4:6的关系混合而成。半合成机油的纯度非常接近全合成机油，但其成本较矿物油略高，是矿物油向合成机油的理想过渡产品。图2-19所示为嘉实多半合成机油。

图2-19　嘉实多半合成机油

为什么用半合成机油？

同一品牌、同一黏度的全合成机油和半合成机油的价格一般相差30%~40%，甚至更多，理论上，所有车型都适用全合成机油，但出于价格和用车环境的考虑，半合成也是有市场的。因为半合成机油的抗衰能力相对较弱，所以它的换油周期要比全合成机油短一些。

课后习题

一、填空题

1. 发动机润滑系统具有＿＿＿＿、＿＿＿＿、＿＿＿＿、＿＿＿＿和防锈5个作用。
2. 发动机润滑系统一般由＿＿＿＿、＿＿＿＿和＿＿＿＿等组成。
3. 汽车发动机用的机油泵一般有＿＿＿＿式和＿＿＿＿式两种。

二、判断题

1. 发动机润滑系统只起润滑作用。（　　）
2. 机油油量不足或机油黏度过低会造成机油压力高。（　　）
3. 发动机润滑系统主油道中的压力越高越好。（　　）
4. 更换发动机机油时，应同时更换或清洗机油滤清器。（　　）

三、选择题

1. （　　）不是发动机润滑系统的作用。
   A. 清洗　　　　B. 密封　　　　C. 防锈　　　　D. 加热
2. 转子式机油泵工作时，（　　）。
   A. 外转子的转速高于内转子的转速
   B. 外转子的转速低于内转子的转速

C. 外转子的转速等于内转子的转速
D. 内、外转子的转速不确定
3. 发动机的凸轮轴轴承采用（　　）润滑方式。
A. 压力　　　　　　　　B. 飞溅　　　　　　C. 定期　　　　　　D. 不定期

四、简答题

1. 简述发动机润滑系统的基本任务。

2. 简述机油泵的作用及工作原理。

3. 如何用机油尺检查发动机的机油油面？

项目三

发动机冷却系统的检查与维护

引言

一辆在高速公路上行驶的汽车，其冷却系统所散失的热量足以供两个普通房屋取暖。因此，汽车冷却系统非常重要。

学习目标

1. 了解汽车发动机冷却系统的组成、功用及分类。
2. 了解冷却系统的循环水路。
3. 掌握冷却液的检查及其冰点的检测方法。
4. 掌握冷却液的检查和更换方法。

3.1 发动机冷却系统的分类及结构、工作原理

冷却系统的功用是将受热零件吸收的部分热量及时散发出去，保证发动机在最适宜的温度状态下工作。发动机的冷却系统有风冷和水冷之分。以空气为冷却介质的冷却系统称为风冷系统，以冷却液为冷却介质的冷却系统称为水冷系统。

1. 风冷发动机简介

风冷发动机气缸套外加工成散热片，以增大散热面积，提高散热效果。部分乘用车及摩托车采用风冷发动机。现代汽车多采用水冷方式。图3-1所示为风冷发动机外形。

2. 水冷发动机的结构与工作原理

水冷系统一般指强制循环水冷系统，汽车发动机采用的就是强制循环水冷系统。水冷系统的优点是冷却强度高、发动机内部和外部冷却较均匀、冷却液路设计自由度大等，缺点是容易漏水，需要经常维修等。

图3-1 风冷发动机外形

强制循环水冷系统主要由水泵、散热器、冷却风扇、节温器、膨胀水箱、发动机机体和气缸盖中的水套以及其他附属装置组成，如图3-2所示。

（1）冷却液　冷却液俗称"防冻液"或"不冻液"，是发动机正常运转时的散热介质。冷却液由水、防冻剂、添加剂三部分组成，按防冻剂成分不同可分为酒精型、甘油型、乙二醇型等。酒精型冷却液是用乙醇（俗称酒精）作防冻剂，价格便宜，流动性好，配制工艺简单，但沸点较低、易蒸发损失、冰点易升高、易燃等，现已逐渐被淘汰；甘油型冷却液沸点高、挥发性小、不易着火、无毒、腐蚀性小，但降低冰点效果不佳、成本高、价格昂贵，用户难以接受，只有少数北欧国家仍在使用；乙二醇型冷却液是用乙二醇作防冻剂，并添加少量抗泡沫、防腐蚀等综合添加剂配制而成。图3-3所示为大众长效防冻液。

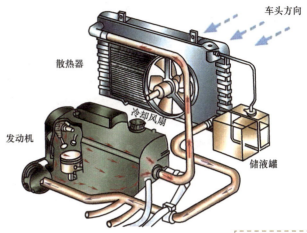

图3-2　强制循环水冷系统

视频3　增压冷却系统

对于不同颜色、不同品牌防冻液的化学性能可能相差悬殊，其成分也不同，现在市面上应用较多的是乙二醇型防冻液，也有部分是磷酸盐。如果这两种防冻液混加，会生成具有强腐蚀性的物质，对发动机造成很大损害。因此，即使是主要成分相同而次要成分不同的防冻液，也不能混加。

图3-3　大众长效防冻液

（2）水泵　汽车发动机广泛采用离心式水泵。其基本结构包括水泵壳体、连接盘或传动带轮、水泵轴及轴承或轴连轴承、水泵叶轮和水封装置等零件。一般由发动机的曲轴通过传动带驱动。传动带环绕在曲轴带轮和水泵带轮之间，曲轴转动水泵轴就跟着运转，水泵轴带动叶轮转动，从而实现将机械能转化为液压能。水泵的工作原理如图3-4所示。

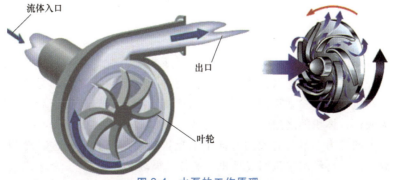

图3-4　水泵的工作原理

叶轮是水泵工作的核心，叶轮本身的运动很简单，只是和轴一起旋转。但由于叶片的作用，叶轮中液体的运动是很复杂的，一方面随叶轮旋转做牵连运动，另一方面在叶片的驱使下不断地从旋转着的叶轮中甩出，即相对叶轮运动。因此叶轮的外径大小、叶轮叶片的高低及角度以及与水泵壳体的间隙，直接影响着水泵的性能。发动机水泵实物如图 3-5 所示。

图 3-5　发动机水泵实物

（3）节温器　节温器是控制冷却液流动路径的阀门。它是一种自动调温装置，通常含有感温组件，借着膨胀或冷缩来开启或切断气体或液体的流动。

发动机节温器根据冷却液温度的高低自动调节进入散热器的水量，改变水的循环范围，以调节冷却系统的散热能力，保证发动机在合适的温度范围内工作。节温器必须保持良好的技术状态，否则会严重影响发动机的正常工作。例如节温器主阀门开启过迟，就会引起发动机过热；主阀门开启过早，则使发动机预热时间延长，使发动机温度过低。节温器的工作原理如图 3-6 所示。

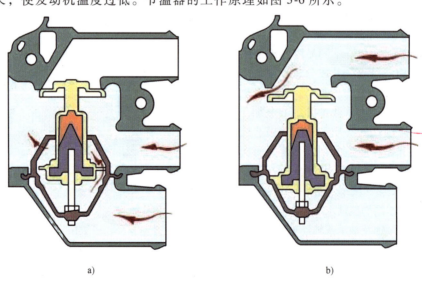

图 3-6　节温器的工作原理
a）关闭通道　b）开启通道

汽车中常用的蜡式节温器当冷却液温度低于规定值时，节温器感温体内的精制石蜡呈固态，节温器阀在弹簧的作用下关闭发动机与散热器之间的通道，冷却液经水泵返回发动机，进行发动机内小循环。当冷却液温度达到规定值后，石蜡开始融化逐渐变为液体，体积随之增大并压迫橡胶管使其收缩。在橡胶管收缩的同时对推杆作用以向上的推力，推杆对阀门有向下的反推力使阀门开启。这时冷却液经由散热器和节温器阀，再经水泵流回发动机，进行大循环，如图 3-7 所示。节温器大多数布置在气缸盖出水管路中，这样的优点是结构简单，容易排除冷却系统中的气泡；

缺点是节温器在工作时经常开闭,产生振荡现象。

(4) 散热器 为了避免发动机过热,燃烧室周围的零部件(缸套、缸盖、气门等)必须进行适当的冷却。汽车冷却系统中的散热器就是负责冷却液的冷却。它的水管和散热片多用铝材制成,铝制水管做成扁平形状,散热片带波纹状,注重散热性能,安装方向垂直于空气流动的方向,尽量做到风阻小,冷却效率高。冷却液在散热器芯内流动,空气在散热器芯外通过。热的冷却液由于向空气散热而变冷,冷空气则因为吸收冷却液散出的热量而升温,因此散热器是一个热交换器。纵流式散热器如图3-8所示。

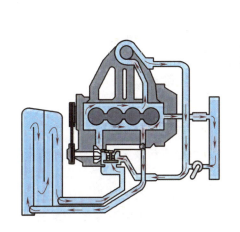

图3-7 节温器的工作过程

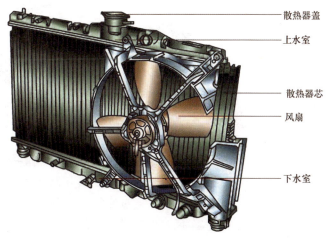

图3-8 纵流式散热器

最常见的汽车散热器的结构形式有直流式和纵流式两类。

散热器芯的结构形式主要有管片式和管带式两大类。管片式散热器芯由许多细的冷却管和散热片构成,冷却管大多采用扁圆形截面,以减小空气阻力,增加传热面积。

散热器芯应具有足够的通流面积,让冷却液通过,同时应具备足够的空气通流面积,让足量的空气通过以带走冷却液传给散热器的热量。

3.2 冷却系统的检查与维护

1. 冷却系统检查维护时的安全事项

1)等待冷却液的温度降至90℃以下,才可以打开发动机散热器盖。发动机处于暖机状态时,冷却系统处于高压状态。如果突然将散热器盖打开,热态冷却液可能会喷出而导致烫伤。一般散热器盖上都有如图3-9所示的警告标识。

2)旋转散热器盖至第一个止动销,即旋转散热器盖约$\frac{1}{2}$圈以释放压力。

3)如果吞入冷却液,可能会有诸如头痛、头晕、胃痛、呼吸停顿、麻木、恶心等中毒症状发生。此时,应让伤者饮用大量加有药用活性炭的清水,并立即就医。

2. 冷却系统的检查与维护方法

(1) 冷却液的液位检查 正常情况下,冷却液的液面应处于储液罐最上线和最

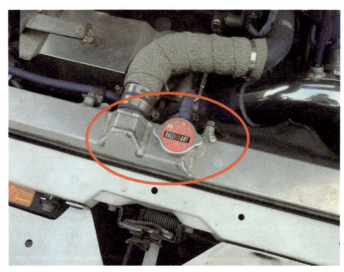

图 3-9　散热器盖上的警告标识

下线之间。如果冷却液降到最下线以下，说明不足，需要立即补充冷却液。

（2）防冻液的冰点检测　手持式冰点测试仪是为测量冷却液、玻璃液的冰点及电池溶液的比重而设计的，只要滴几滴液体在棱镜上，然后向着光观察，就可以快速读出溶液的测量值。通过测得的百分比可以知道以丙二醇和乙二醇为基的防冻系统的冰点和汽车风窗玻璃清洁液的冰点，还可用来检查蓄电池内电解液的比重及使用状态。图 3-10 所示为手持式冰点测试仪的结构。

测量范围：冷却液冰点为 -50~0℃；电解液比重为 1.10~1.40；玻璃液冰点为 -40~0℃。

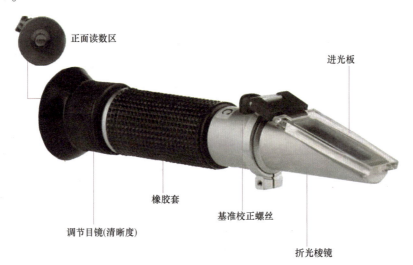

图 3-10　手持式冰点测试仪的结构

冰点测试仪的读数如图 3-11 所示，其中 PROPYLENE 为丙烯类防冻液结冰点的读数，ETHYLENE 为乙烯类防冻液结冰点的读数，对现用冷却液，需要读该数值。

掀起盖板，用柔软绒布将盖板及棱镜表面擦拭干净。将待测液体用吸管滴于棱镜表面，合上盖板轻轻按压，将折射计对向明亮处，旋转目镜使视野内刻度线清晰，读出明暗分界线在标示板上相应标尺的数值即可。测试完毕,用绒布擦净棱镜表面和盖板,清洗吸管,将仪器放还于包装盒内。在测量电池液时,注意不要洒在皮肤和眼睛上,以防烧伤。测试完毕后,仔细擦净仪器。

3. 冷却液的更换

冷却液更换流程:

1)着车至完全热车,目的是让发动机进入大循环状态,水路全通,以达到更高的更换率。熄火,用厚毛巾覆盖住膨胀水箱盖慢慢拧松至气压泄尽,完全取下水箱盖。

2)举升车辆,拆卸下水管或水箱防水螺栓,排尽发动机内的冷却液,注意防止烫伤。

3)装复下水管或防水螺栓。

4)在膨胀水箱和水箱盖处添加冷却液,如图 3-12 所示。

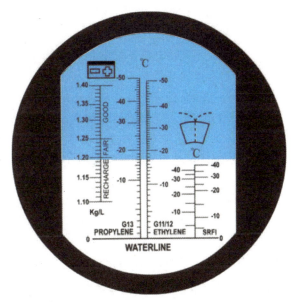

图 3-11 冰点测试仪的读数

5)盖上水箱盖,起动发动机至完全热车并观察液位,用厚毛巾盖住膨胀水箱盖并慢慢将其拧松,将系统内部空气排空。

6)盖上水箱盖,起动发动机,打开鼓风机并选择最热。检查热风温度是否达标,检查发动机舱内拆卸水管处是否渗漏,检查膨胀水箱的冷却液液位,应在 MIN 至 MAX 之间,如图 3-13 所示。

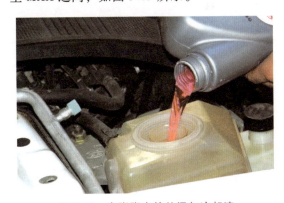

图 3-12 在膨胀水箱处添加冷却液

图 3-13 膨胀水箱处的标记

7)更换完毕。

一般冷却液的更换周期为 2~4 年,但在使用过程中应定期检查冷却液,检查应在发动机处于常温下进行。

3.3 宝来轿车冷却系统的检查与维护

当发现冷却液液面低于下限(MIN)时,应查明液面下降的原因。若因渗漏引起液面降低,则应及时补充同一品牌冷却液;若液面降低是正常蒸发所致,则应添加蒸馏水或去离子水,切勿加入井水、自来水等硬水。当发现冷却液中有悬浮物、沉淀物或发臭时，说明冷却液已经变质，应及时清洗冷却系统，并更换冷却液。

不同冷却液不能混用，因为不同牌号的冷却液中添加的防腐剂、防锈剂、消泡剂和色素等类型不同，化学成分也不同，相互混用容易发生化学反应，引起沉淀、结垢和腐蚀等危害，从而影响发动机的使用寿命。如果确实需要换用其他型号的冷却液，则一定要将原冷却液彻底排放干净，并对冷却系统进行彻底清洗。

1. 使用冷却液注意事项

1）使用冷却液添加剂 G12+（淡紫色）。G12+可以与以前的冷却液添加剂 G11 和 G12（红色）混合。G12+添加剂适用于灰铸铁和全铝合金的发动机，可为发动机提供最佳的防冻、防腐蚀损坏、防结垢和过热保护。

2）冷却液添加剂的比例必须至少达 40%（防冻温度至-25℃）且不应超过 60%（防冻温度至-40℃），否则防冻效果会减弱，此外还会降低冷却效果。

3）必须保证冷却液的冰点在-25℃左右。

2. 检查冷却液的冰点

1）用冰点测试仪检测冷却液的冰点。图 3-14 所示为冰点测试仪的刻度盘。

2）如果冷却液冰点过低或者冷却效果不佳，按表 3-1 用冷却液添加剂 G12+调整。

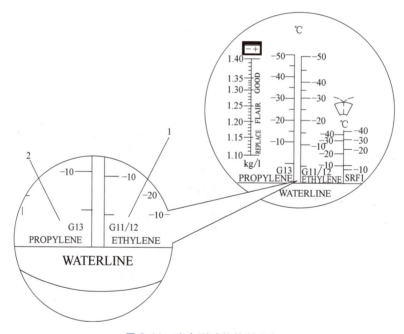

图 3-14 冰点测试仪的刻度盘

1—用于冷却液添加剂 G12 和 G11 2—用于冷却液添加剂 G13

3. 检查冷却液液位

发动机处于冷态时，检查补偿罐中的冷却液液位，应在"min（最低标记）"箭头之上，如图 3-15 所示。冷却液液位过低时，应按照混合比加注缺少的量。

当出现与使用条件不相符的冷却液损失时，应确定原因并排除故障（维修措施）。

注意：

1）在热带气候的地区，冷却液的沸点升高有助于发动机高负荷运转时的运行安全。

表 3-1 冷却液添加剂调整对照表

冷却液温度至（摄氏度）		添加添加剂/L
实际值/℃	标准值/℃	
0	-25	3.5
	-35	4.0
-5	-25	3.0
	-35	3.5
-10	-25	2.0
	-35	3.0
-15	-25	1.5
	-35	2.0
-20	-25	1.0
	-35	1.5
-25	-35	1.0
-30	-35	0.5
-35	-40	0.5

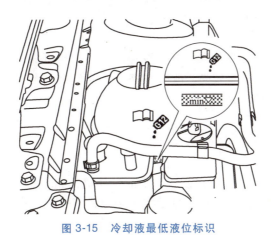

图 3-15 冷却液最低液位标识

2）即使在暖和的季节或暖和的地区，也不允许添加水来降低冷却液的浓度。冷却液添加剂的比例必须至少为 40%。

3.4 小知识——风冷发动机和水冷发动机的区别

风冷发动机（图 3-16a）的气缸体与气缸套是一体或接合成无间隙的整体的。其内部是活塞滑动的工作区域，外部则是均匀有序的密布散热片，一般采用导热系数较高的材料压铸而成，活塞的工作热量直接通过缸体传出，由散热片间的流动空气带走。这种方式一般常用于二冲程发动机上。

水冷发动机（图 3-16b）的气缸体内铸有复杂的冷却水道（干式缸套），或与缸套形成冷却水道（湿式缸套），活塞在缸套内工作，热量通过缸套传递给水道中的冷却液来实施冷却。这种方式一般常用于四冲程发动机上。

风冷发动机气缸壁的适宜工作温度为 150~180℃，而水冷发动机气缸壁水套的

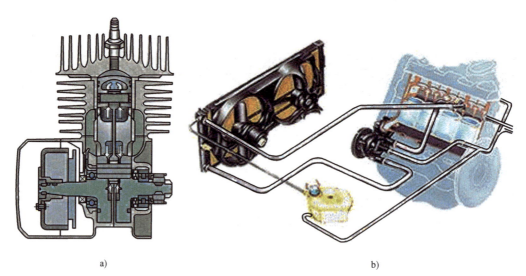

a)　　　　　　　　　　　b)

图 3-16　风冷发动机和水冷发动机

适宜工作温度为 85~95℃。风冷发动机的优点是零件少，构造简单，重量轻，制造成本较低，功率利用率高，没有漏水、冰冻、结垢等故障，使用维护方便，环境适应性好，起动后暖机时间短等；缺点是冷却面不均匀，热负荷较高，风扇消耗功率较大和工作噪声大。

水冷发动机的优点是冷却效果好、冷却均匀，工作可靠，不受环境影响，噪声低；缺点是构造复杂，成本较高，故障率高及维修复杂。由于有风扇、水泵等耗能装置，水冷发动机的功率损耗大。

课后习题

一、填空题

1. 发动机冷却系统的任务是使工作中的发动机得到＿＿＿＿＿的冷却，从而保持在最适宜的温度范围内工作。发动机采用水冷系统时，应使气缸盖内的冷却液温度在＿＿＿＿＿之间。

2. 汽车发动机采用的水冷系统，都是用＿＿＿＿＿强制地使冷却液在水冷系统中进行循环流动，故称为强制循环水冷系统。

3. 水泵的功用是对＿＿＿＿＿加压，使之在冷却系统中加速循环流动。汽车上采用的水泵都是利用＿＿＿＿＿原理工作的。

4. 大多数发动机的风扇与水泵同轴，它们和发电机由曲轴经传动带驱动。通过移动＿＿＿＿＿来调整带的松紧度。

5. 发动机的冷却强度可以用改变通过散热器的＿＿＿＿＿的流量和改变冷却液的＿＿＿＿＿和＿＿＿＿＿的方法进行调解。

6. 发动机水冷系统的故障现象主要表现在＿＿＿＿＿和＿＿＿＿＿两个方面。

7. 冷却液具有＿＿＿＿＿、＿＿＿＿＿、＿＿＿＿＿和抑制泡沫产生的作用。

8. 冷却液是用水与＿＿＿＿＿配制而成的。水应是＿＿＿＿＿水，否则会在发动机气缸套和水套上产生_____，阻碍传热，使发动机过热。

9. 汽车冷却液中加有着色剂的目的是_____。

10. 冷却液应定期更换的原因是_____和_____会随着使用逐渐消耗掉。

11. 散热器分为_____和_____两种类型。

12. 散热器芯的结构形式包括_____和_____两大类。

13. 汽车发动机多用_____式水泵。

14. 水泵主要由_____、_____和_____三部分组成。

15. 冷却系统的最常见故障是_____。

二、选择题

1. 以下零件中属于发动机冷却强度调节装置的是（　　）
   A. 水泵　　　　B. 风扇　　　　C. 水温感应塞　　D. 冷却器

2. 实现改变冷却液的循环路线和流量作用的是（　　）
   A. 水泵　　　　B. 水套　　　　C. 节温器　　　　D. 膨胀水箱

3. 蜡式节温器的主阀门关闭、副阀门打开时，进行的循环是（　　）
   A. 小循环　　　B. 中循环　　　C. 大循环　　　　D. 混合循环

4. 发动机过热会使气缸充气效率（　　）
   A. 降低　　　　B. 升高　　　　C. 不变　　　　　D. 先升高后降低

5. 冷却液流经散热器的循环称为（　　）
   A. 大循环　　　B. 小循环　　　C. 混合循环　　　D. 中循环

项目四

发动机带传动及链传动装置的检查与维护

引言

汽车上的一些附件（如动力转向泵、交流发电机和空调压缩机电动机等）需要发动机的曲轴通过传动带驱动。发动机附件所用的传动带主要有Ｖ带和多楔带（蛇形带）两种形式。由于多楔带传动负载大、弯曲性好、磨损小，所以目前绝大多数汽车的发动机附件都采用带自动张紧滚轮的多楔带传动。

链传动是通过链条将具有特殊齿形的主动链轮的运动和动力传递到具有特殊齿形的从动链轮的一种传动方式。

学习目标

1. 掌握汽车上使用的传动带及传动链的类型和特点。
2. 了解汽车上使用的传动带及传动链的结构和标记。
3. 掌握汽车上使用的传动带的张紧和维护的方法。
4. 掌握正时带的更换方法。
5. 掌握正时链条的检查方法。

4.1 发动机带传动装置的检查与维护

1. 发动机带传动装置的结构与工作原理

（1）发动机带传动装置总成　现以发动机中具有代表性的正时装置为例介绍发动机带传动装置。正时装置的结构如图4-1所示。不同于附属装置的驱动带容易被看到且易于检查，正时带往往隐藏在一个盖子后面，要依据发动机及发动机舱的布置才能找到。在多数情况下，正时带上的盖子（至少盖子的上半部）是可以拆下或者移开的，便于仔细地检查及更换传动带。检查时，如果看到正时带张紧度不够或带上面有异物，就应及时更换。

（2）带传动装置的优缺点　正时带具有精确定时、噪声小、质量轻、成本低和不需要润滑等优点，被广泛应用在汽车发动机中，其主要作用是使发动机的凸轮轴与曲轴同步运动，对发动机的正常工作至关重要。由于正时带使用寿命相对较短，需要定期更换，正时带一旦损坏，气门、点火工作将会停止或错乱，严重时将导致发动机熄火。因此凡是装有正时带的发动机，厂家都严格要求在规定周期内更换，

项目四 | 发动机带传动及链传动装置的检查与维护

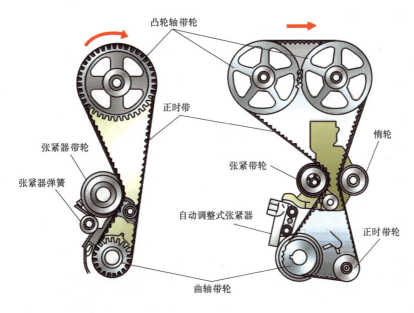

视频4 发动机配气机构

图 4-1　正时装置的结构

一般在车辆行驶到 6 万~10 万 km 时更换，具体更换周期根据厂家说明书规定确定。为防患于未然，有必要全面掌握正时带可能出现的故障，并及时排除，避免更大的损失。

（3）各部分的功用与工作方式　正时装置由正时带传动系统、正时带张紧器（单偏心）以及正时带张紧器（双偏心）3 部分组成。

1）正时带传动系统。正时带传动系统将发动机的曲轴和凸轮轴（或几根凸轮轴）彼此连接起来，将转动功率传递给燃油喷射泵或水泵并驱动平衡轴。该系统可由一个、两个或多个独立的传动系统构成。正时带传动系统的结构如图 4-2 所示。

2）正时带张紧器（单偏心）。该方式简化了传动带张紧系统在发动机组装线上的装配过程，并且避免了误装配。正时带张紧器（单偏心）的安装方式如图 4-3 所示。

3）正时带张紧器（双偏心）。此设计将张紧器的动态张紧与误差补偿功能分开，并且满足了动态条件下对正时带的传动要求。正时带张紧器（双偏心）的安装方式如图 4-4 所示。

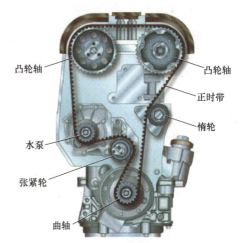

图 4-2　正时带传动系统的结构

4）正时带张紧器的功能。正时带张紧器是带机械阻尼的自动张紧系统，为了降低噪声水平，传动带的张紧力可被设置得尽可能小。正时带张紧器的结构及外形如图 4-5 所示。在安装过程中张紧传动带，补偿系统中各部件的累积制造误差，提供恒定的传动带张紧力。无论在何种运转条件下，它均能为传动带系统提供有效的动态阻尼并能够防止传动带跳齿。

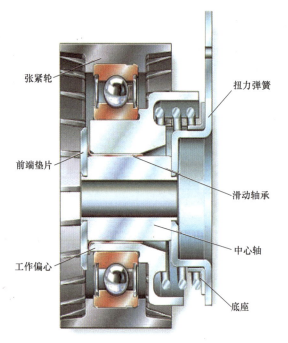
图 4-3 正时带张紧器（单偏心）的安装方式

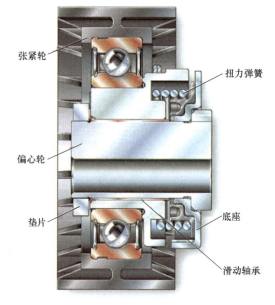
图 4-4 正时带张紧器（双偏心）的安装方式

2. 发动机带传动装置的检查

（1）准备工作　工具：扳手，锁止销/定位销（两个凸轮轴齿轮），内六角扳手。

（2）操作步骤

1）拆下蓄电池负极搭铁线、发动机前罩及妨碍作业的部件。

2）顺时针转动曲轴，使1缸活塞处于压缩上止点位置，对齐曲轴和凸轮轴上的正时标记。

图 4-5 正时带张紧器的结构及外形

发动机传动带装置的布置如图 4-6 所示。

3）将两个锁止销/定位销穿过凸轮轴正时齿轮的定位孔，插入至凸轮轴壳体的定位孔的极限位置，锁定凸轮轴正时齿轮，且防扭转锁死。注意，如果凸轮轴旋转，气门会撞到位于上止点的活塞。

4）用扳手按顺时针方向移离/抬起附件系统的张紧轮，后用螺钉旋具将其固定。

5）拆下附件系统的传动带，如果仍使用旧的传动带，则拆卸前应标记传动带的传动方向，检查磨损情况，不要弯折。

6）松开正时系统张紧轮的紧固螺栓，并将其拆下。

7）拆下正时系统的同步带。

8）确定新的张紧轮、惰轮、传动带选型是否正确。

9）用手拧紧正时系统张紧轮的螺栓，再用套筒扳手紧固（力矩暂时不要过大，螺栓不能拧歪）。

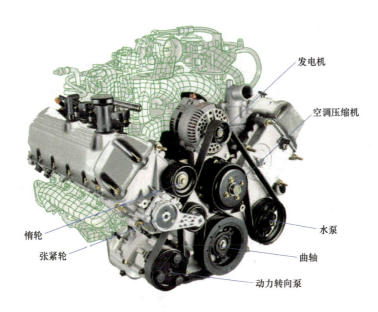

图 4-6 发动机传动带装置的布置

10)装上同步带,注意松边要张紧,然后慢慢套上,确保在非张紧侧带轮/齿轮之间的传动带是紧绷的。

11)用扳手初步拧紧张紧轮,再用内六角扳手沿顺时针方向拧紧,直至将指针对正挡边 V 形凹槽中间。

12)用扳手再次拧紧张紧轮紧固螺栓,如图 4-7 所示,最后用力矩扳手拧紧(要严格遵守制造商的力矩规定)。

13)装上附件系统传动带。

14)用扳手抬起附件系统张紧轮,拔掉螺钉旋具以张紧传动带,然后用手轻压,检测传动带张力。

15)取下凸轮轴正时齿轮的两个锁止销/定位销。

图 4-7 张紧轮的安装

16)顺时针转动曲轴两圈。

17)确保曲轴正时标记(曲轴两次位于 1 缸的上止点)。

18)检查张紧轮指针是否对正 V 形凹槽。

19)检查传动带张力是否合适。

20)插上两个锁止销/定位销,确保正时。

3. 发动机带传动装置的拆装与调整

(1)拆卸冷却风扇及其支架

1)应关闭点火开关,断开冷却风扇电动机的电线插头。其主要目的是防止发动机冷却液达到一定温度时,风扇突然转动而造成人体伤害。拔下电线插头时,先按下插座上的卡片,解除锁止,才可拔出电线插头。

2)拆卸冷却风扇下端的两个螺栓(图 4-8)。冷却风扇在上、下两端各有两个螺栓，在拆卸时注意不要碰伤手。

3）降下车辆，拆卸冷却风扇上端的两个螺栓，并取下冷却风扇，如图4-9所示。

图4-8　冷却风扇的拆卸（1）

图4-9　冷却风扇的拆卸（2）

在取出冷却风扇时注意调整风扇的角度，严禁生拉硬拽，否则，容易造成散热器、冷却风扇及其支架的损伤。

（2）拆卸空调压缩机传动带　压缩机传动带只需松下即可。

（3）拆卸发电机传动带张紧装置　注意在取下最后一个螺栓时，要用手扶住传动带张紧装置，避免掉落到地上而损伤张紧装置。传动带的张紧装置取下后，严禁在无固定的情况下拔出张紧轮定位销，避免弹簧的回位弹力造成人体伤害。发电机的拆卸如图4-10所示。

（4）拆卸正时装置

1）用扳手转动曲轴，使凸轮轴齿轮上带有标记的齿轮与正时带后防护罩上的箭头标记对齐。这是一对配合标记，在确认发动机配气正时时，两者要对齐。当两者对齐时，发动机1缸的进、排气门均处于关闭状态。图4-11所示为发动机正时标记。

图4-10　发电机的拆卸

图4-11　发动机正时标记

2）拆卸正时带。松开偏心轮，取下正时带。正时带的张紧轮是一个偏心轮，松开其固定螺栓后便自动减小或消除对正时带的张紧力，便于取下正时带。图4-12所示为拆卸偏心轮。

3）检查正时带。正时带的表面如果出现开裂、断层、断线，说明正时带已经老化，不适合继续使用，应更换新的正时带。

安装正时齿带的步骤基本与拆卸的步骤相反。

注意：在安装时，要保持双手干净，严禁将水、油等沾附到带上，否则，容易出现跳齿现象，破坏正常的发动机配气正时，使发动机输出功率下降或丧失。另外，油、水等物质也会加剧正时带的磨损。

4）对凸轮轴、曲轴的正时记号。在安装过程中要注意正时记号，如果正时记号不正确，应先转动凸轮轴的齿轮，使凸轮轴上的标记对齐后面防护罩上的标记，再使曲轴带轮上的标记对齐正时带下防护罩上的标记。

5）调整正时带的张紧度，如图4-13所示。

图4-12 拆卸偏心轮

图4-13 调整正时带的张紧度

4.2 发动机链传动装置的检查与维护

1. 发动机链传动装置的结构

发动机链传动装置的结构如图4-14所示。

正时链条作为汽车核心部位中不可或缺的组成部分，具有一定的装配难度。某些发动机上的正时链条会有几个明显的标志，以用来保证精确度的同时降低一些安装难度。

2. 发动机链传动装置的检查与维护方法

正时链条和链轮在使用中会产生磨损，使链条伸长，引起传动噪声。

正时链条和链轮的检验：链条的磨损程度通常用检查其伸长量来判断。检查时，将链条对折，对链条施加规定的拉力使其拉紧后，测量其长度值是否超过极限值。

检查链条的延伸度：

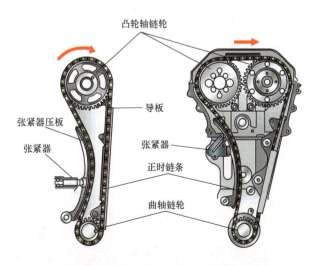

图4-14 发动机链传动装置的结构

1）用147N的力拉链条，如图4-15所示。

2）用游标卡尺测量15个链节的长度，最大链条伸长量为115.2mm。

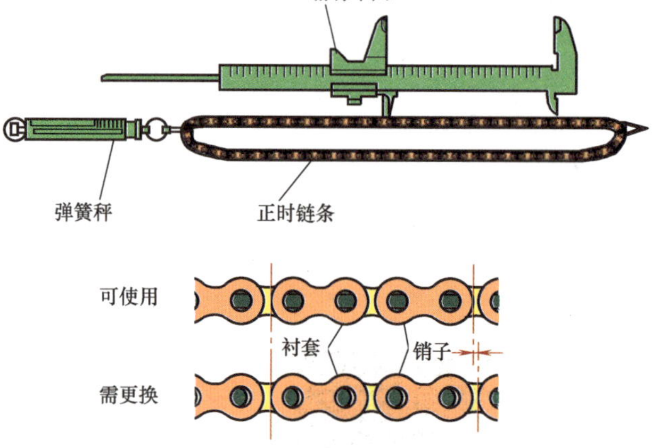

图 4-15 检查链条的延伸度

注意：在任意3个位置进行测量，使用测量值的平均值。如果平均伸长量大于最大值，则更换链条。

检查凸轮轴正时齿轮总成（图4-16）：

1）将链条绕在齿轮上

2）用游标卡尺测量齿轮和链条的直径，最小直径（带链条）为96.8mm。

注意：测量时，游标卡尺的卡钳必须与链轮接触。如果直径小于最小值，则更换链条和齿轮。

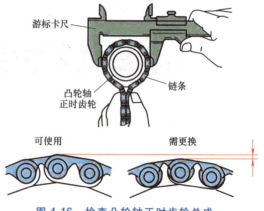

图 4-16 检查凸轮轴正时齿轮总成

4.3 大众速腾轿车正时带的更换

速腾轿车1.6L发动机正时装置拆装专用工具如图4-17所示。

1. 速腾轿车1.6L发动机正时带拆卸步骤

1）拆卸发动机罩。

2）拆卸多楔正时带并取下定位芯棒T10060A（图4-17）。

3）将上部软管从冷却液补偿罐上拔下。

4）拆卸冷却液均衡器并将其放置在连接软管一侧。

5）如图4-18所示，拆卸正时带上部护罩。

6）如图4-19所示，在支撑装置10-222A上安装适配接头10-222A/13，并在安装位置支撑住发动机。

项目四 | 发动机带传动及链传动装置的检查与维护

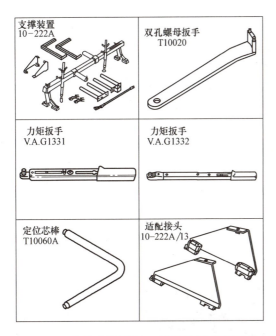

图 4-17 大众速腾轿车正时装置拆装专用工具

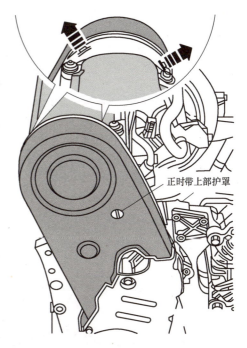

图 4-18 拆卸正时带上部护罩

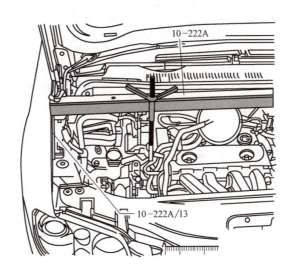

图 4-19 安装适配接头

7）如图 4-20 所示，拆卸曲轴正时带轮。

8）拆卸正时带护罩的中段和下段。

9）如图 4-21 所示，将下部螺栓从发动机支架上拆下。

10）拆卸总成支撑/发动机支架的紧固螺栓，并将整个机组支架拆下。

11）用支撑装置 10-222A 将发动机举升起来，直至能将发动机支架上部的两个螺栓松开并旋出。

12）向上取出发动机支架。

13）转动凸轮轴正时齿轮至 1 缸达到上止点位置，凸轮轴正时齿轮的标记必须

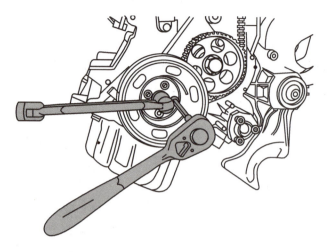

图 4-20 拆卸曲轴正时带轮

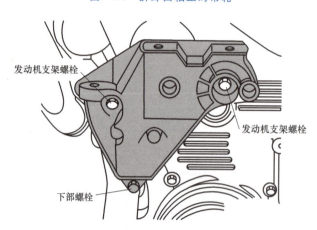

图 4-21 拆卸螺栓

与正时带护罩上的箭头标记对齐,如图 4-22 所示。

14)标记正时齿轮的转动方向。

15)松开张紧轮并拆卸正时带。

16)将曲轴略朝反方向转动。

2. 速腾轿车 1.6L 发动机正时带安装步骤

1)将正时带安装到曲轴齿轮和水泵上。

2)将凸轮轴正时齿轮上的标记与正时带护罩上的标记对齐。

3)用新螺栓安装传动带盘/曲轴。螺栓紧固力矩为 10N·m,然后再旋转 90°。

4)将减振器上的曲轴带轮上的标记置于 1 缸上止点位置,箭头必须对齐,如图 4-23 所示。

5)张紧正时带。用双孔螺母扳手 T10020 向左转动凸轮,直至指针位于缺口上,

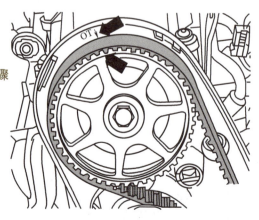

图 4-22 对齐正时标记

如图 4-24 所示。

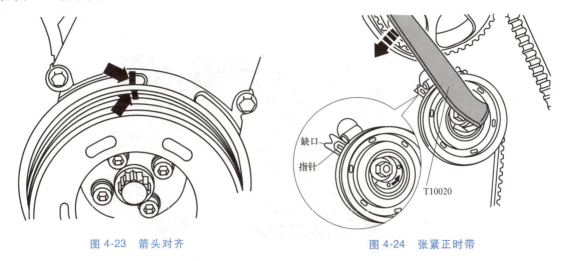

图 4-23 箭头对齐　　　　　　图 4-24 张紧正时带

4.4 小知识——正时带与正时链条的比较

为了使发动机进、排气门在适当的时候开启或关闭，以保证发动机气缸能够正常地吸气和排气，现代发动机凸轮轴和曲轴必须实现可靠的同步传动，目前采用的是正时带和正时链条这两种同步传动。

正时带和正时链条所起的作用是一样的，都是凸轮轴和曲轴实现同步传动的工具。但是两种的工艺不同，各有利弊。

首先，正时链条的使用寿命高，不需要预防性更换，只有当链条使用过久变形产生异响时才需进行更换，相较而言养车的成本较低；而正时带以预防性更换为主，一般在没有达到厂家规定使用期限时就需要更换，使用寿命短，更换频率高，因此，养车成本相应增加。图 4-25 所示为正时带。

图 4-25 正时带

其次，材质、结构不同。正时带由橡胶制成，噪声小、传动阻力小、传动惯性也小，能够提高发动机的动力性及加速性能，并且容易更换。而正时链条由强度较大的钢材制成,其优点是使用寿命长、故障率低且不易发生故障导致汽车抛锚,但同样不可避免地存在一些缺点,如链条转动噪声大、传动阻力大、传动惯性大,从一定角度来说增加了油耗,性能也有所降低。图4-26所示为正时链条。

图4-26　正时链条

虽然两种传动方式都存在一些优势和不足,但正时链条可能更受青睐,因此它更利于降低养车成本。

课后习题

简答题

1. 正时带和正时链条各自的优、缺点是什么?

2. 更换正时带应如何对齐正时标记?

3. 以大众迈腾轿车为例,说明正时带何时更换。

项目五

汽车传动系统的检查与维护

引言

汽车一般由发动机、底盘、车身和电气设备组成,底盘包括传动系统、行驶系统、转向系统和制动系统4大系统。

汽车传动系统是从发动机到驱动车轮之间所有动力传递装置的总称。其功用是将发动机的动力传给驱动车轮。

学习目标

1. 掌握膜片弹簧离合器的基本组成和工作原理。
2. 掌握膜片弹簧离合器的构造、拆装与检修方法。
3. 掌握自动变速器的基本结构。
4. 掌握自动变速器油的检查与更换。

5.1 离合器的检查与维护

1. 膜片弹簧离合器的结构

目前生产的汽车,特别是小型乘用车,普遍采用膜片弹簧作为压紧弹簧的离合器,即膜片弹簧离合器。

膜片弹簧离合器组成元件的分解如图5-1所示。发动机的飞轮、压盘和离合器盖组成离合器的主动部分。离合器盖通过螺栓固定在飞轮上。压盘的前端面是光滑平整的工作面,通过传动片与离合器盖连接。

从动盘是离合器的从动部分,如图5-2所示,它由从动片、摩擦衬片、减振器盘和从动盘毂等组成。从动盘装在飞轮与压盘之间,从动盘毂的内花键套在变速器第一轴前端的花键上,离合器分离时,可沿花键轴向移动。

膜片弹簧与压盘组成离合器的压紧机构。膜片弹簧如图5-3所示,它是一种用薄弹簧钢板制成的带有锥度的碟形弹簧。其小端在锥面上均匀地开有许多径向切槽,以形成分离指,起分离杠杆的作用,其余未切槽的大端部分起压紧弹簧的作用。膜片弹簧两侧有钢丝支撑圈,借膜片弹簧固定铆钉安装在离合器盖上。

分离杠杆、分离轴承、分离套筒和分离拨叉装在离合器壳内,分离杠杆采用综合式防干涉机构;而离合器踏板、离合器总泵、离合器分泵及管路则装在离合器壳

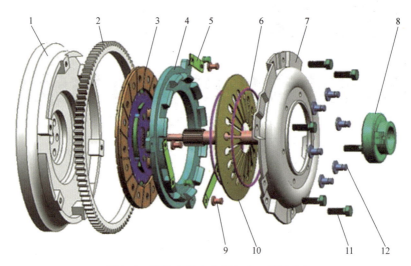

图 5-1 膜片弹簧离合器组成元件的分解

1—飞轮 2—起动齿圈 3—从动盘 4—压盘 5—传动片 6—膜片弹簧钢丝支撑圈 7—离合器盖
8—分离轴承 9—铆钉 10—膜片弹簧 11—离合器总成紧固螺栓 12—膜片弹簧固定铆钉

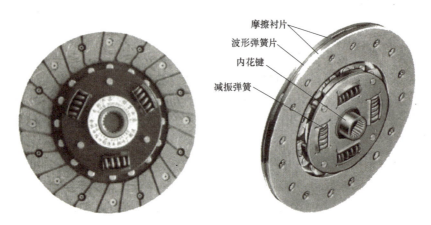

图 5-2 带扭转减振器的从动盘

的外部。

2. 离合器自由间隙和离合器踏板的自由行程

从动盘摩擦衬片经使用磨损后会变薄，压盘向飞轮靠近，分离杠杆的内端相应地向分离轴承靠近。如果未磨损前分离杠杆内端和分离轴承之间没有预留一定间隙，则在摩擦衬片磨损后，离合器将因分离杠杆内端不能后移而难以保证离合器完全接合，从而在传动时经常出现打滑现象。这不仅减小了其所能传递的转矩数值，并且将使摩擦衬片和分离轴承加速磨损。因此，当离合器处于正常接合状态时，在分离轴承和分离杠杆内端之间应留有一定的间隙，此间隙称离合器的自由间隙。

图 5-3 膜片弹簧

由于上述间隙的存在，驾驶人在踩下离合器踏板后，先要消除这一间隙，然后才能开始分离离合器。为消除这一间隙所需的离合器踏板行程，称为离合器踏板的自由行程，如图 5-4 所示。根据规定，汽车每行驶一定里程后，要检查调整离合器踏板的自由行程，一般轿车离合器踏板的自由行程为 15~25mm。图 5-5 所示为离合器踏板自由行程的检查。

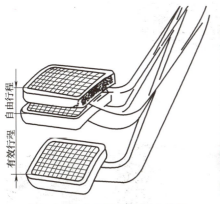

图 5-4　离合器踏板的自由行程

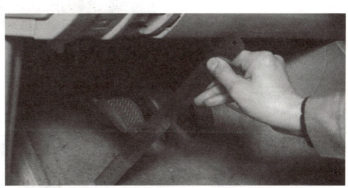

图 5-5　离合器踏板自由行程的检查

5.2　自动变速器的检查与维护

　　自动变速器是基于手动变速器的原理和结构，在其上增加了一套可以自动调节变速器传动比的装置，从而实现了在汽车前进时无须驾驶者人工改变档位的变速器。因此，自动变速器简化了驾驶操作，提高了驾驶的舒适性。

　　图 5-6 所示为自动变速器的变速杆位置示意图。P 位是停车档，在此档位变速器的输出轴会被锁止；R 位是倒车档；N 位是空档；D 位是前进档，在此档位自动变速器会根据汽车的行驶工况自动选择和调整合适的传动比；2 位和 L 位也是前进档，但会把传动比限制在比较低的档位。

1. 自动变速器的基本结构

　　目前，乘用车装用的自动变速器多采用电子控制液压行星齿轮自动变速器。它主要由液力变矩器、油泵盖、制动带、行星轮支架、前进档单向离合器壳体、摩擦片、驻车齿轮和输出轴等部分组成，如图 5-7 所示。

2. 自动变速器油检查

　　自动变速器油（Automatic Transmission Fluid，ATF）指专门用于自动变速器、集润滑、液力传递和液压控制功能于一身的特殊油液。由于其使用功能的特殊性，ATF 必须按照汽车使用说明书的规定选用，不得用其他油液代替或混用。同时，ATF 应按照规定定期检查与更换。

　　为了便于识别且与其他润滑油区分，ATF 通常会染成红色。对于未达到更换周期的 ATF，在进行整车维护和保养时，也需要进行检查，按以下步骤进行：

图 5-6　变速杆位置示意图

视频5
自动档车辆的驾驶

图 5-7 自动变速器的主要组成

1)将汽车停放于平坦地面并可靠制动,起动怠速,等待发动机和变速器达到正常工作温度。

2)将变速杆从 P 位依次挂入各个档位,再回到 P 位,使 ATF 充分进入各个阀体和油道中。

3)抽出油尺检查油面高度,同时用具有吸附性的白纸擦拭油尺,检查 ATF 的颜色、气味和杂质。未被污染的 ATF 呈粉红色或红色,无气味,无任何颗粒沉淀或气泡悬浮,如图 5-8 所示。

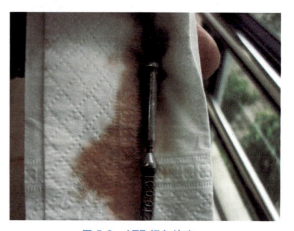

图 5-8 ATF 颜色检查

如果 ATF 呈深褐色、暗红色或黑色,以及有焦臭味,表明过热或没有及时换油。此时需更换 ATF 和滤清器。

如果 ATF 出现乳状,表明变速器进水。一般有两种情况:一是发动机的冷却液混入;二是变速器透气孔漏水,需检查更换。

5.3 大众 NMS 自动变速器油和滤清器的更换

1. 更换自动变速器滤清器的条件

如果发生下列情况,不需要更换自动变速器滤清器:

1)更换了变速器油冷却器和 O 形密封圈,但是冷却液没有进入油液中。
2)更换了换档轴的油封。
3)更换了法兰轴或半轴的油封。
4)由于双离合器变速器机电装置的盖板漏油而更换了多片式离合器或齿轮油泵。
5)更换了变速器输入转速传感器 G182/离合器温度传感器 G509。

如果发生下列情况,必须更换自动变速器滤清器:

1)达到了 60000km 保养服务期限。
2)冷却液已进入自动变速器油中。
3)发现自动变速器油中有金属微粒。

4)离合器烧坏或存在机械故障。

2. 更换自动变速器油并调节油位

通过放油螺塞 A（图 5-9）来排放油液和检查油位。放油螺塞孔内有一根塑料溢流管（用 8mm 内六角扳手拆卸和安装，拧紧力矩为 3N·m），它的长度决定变速器中油液的油位。

通过解码器读取自动变速器油的温度。如果高于 50℃，则让变速器冷却。在发动机停止工作的状态下，旋出溢流管并排出自动变速器油。然后，重新安装溢流管并加注油液。

3. 检查自动变速器油液位的前提条件

1）发动机已关闭。

2）车辆处于水平状态，举升机的 4 个支撑柱位于相同高度。

3）如果有隔声板，拆下隔声板。

4）变速杆挂入 P 位。

5）连接车辆自诊断、测量和信息系统 VAS5051B、VAS5052、VAS5052A。

6）进行换油工作时，自动变速器油温度不得高于 50℃。

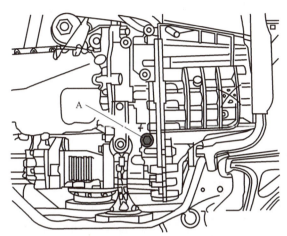

图 5-9　排放油液和检查油位

在更换自动变速器油的过程中，必须遵守下列规定的顺序：

1）连接 VAS505X 至双离合器变速器并读取油温。

2）如果油温高于 50℃，则让变速器冷却。关闭发动机，不要起动发动机。

4. 更换自动变速器滤清器

松开滤清器外壳 7 圈（图 5-10），等待 10s，这样，自动变速器油就会从滤清器中流回变速器。拆下滤清器外壳，取出滤清器。

以凸肩向下的方式装入新的自动变速器滤清器（图 5-11），拧紧滤清器外壳，拧

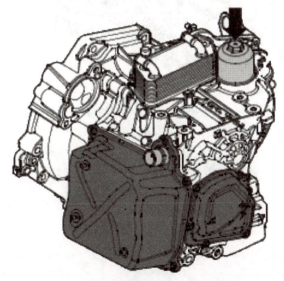

图 5-10　松开自动变速器油滤清器外壳

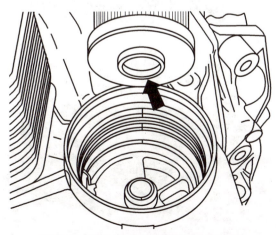

图 5-11　装入新的自动变速器油滤清器

紧力矩为20N·m。

用手将自动变速器油加注适配接头VAS6262A中的适配接头A旋入检查孔中,如图5-12所示。打开储油罐之前先摇晃,加入5.5L自动变速器油。

要更换自动变速器油罐,应关闭旋塞或将自动变速器油加注适配接头VAS6262A置于变速器上方。用VAS505X读取油温,应低于30℃。

5. 调节自动变速器油液位

1)起动发动机,踩下制动踏板,并将变速杆切换至每个档位约3s。将变速杆置于P位。

2)关闭发动机。

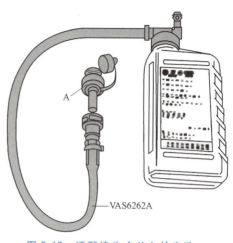

图5-12 适配接头A旋入检查孔

3)通过解码器读取自动变速器油的温度,应在35~45℃之间。

4)在发动机运行时,分离自动变速器油加注适配接头VAS6262A的快速接头。

5)让多余的自动变速器油流出。

6)当多余的自动变速器油流尽时(自动变速器油开始滴落),旋出自动变速器油加注适配接头VAS6262A并旋入带新密封圈的螺塞,拧紧力矩为45N·m。

5.4 小知识——自动变速器分类

图5-13所示为4种自动变速器。

图5-13 4种自动变速器

1. 液力机械式自动变速器（AT）

液力机械式自动变速器（Automatic Transmission，AT）是由液力变矩器、行星齿轮机构和液压操纵系统组成，通过液力传递和齿轮组合的方式达到变速变矩。其中，液力变矩器是 AT 最重要的部件，它由泵轮、涡轮和导轮等构件组成，兼有传递转矩和离合的作用。

目前 AT 比较受欢迎，尽管它使用的液力变矩器会提高车辆 10% 左右的油耗，和当今节能环保的发展趋势相背，但作为自动变速器中技术最成熟的一种变速器，AT 在未来一定时间内仍有广阔的发展前景。

未来 AT 的发展趋势是向多档位的 AT 发展。

2. 机械式自动变速器（AMT）

机械式自动变速器（Automatic Mechanical Transmission，AMT）可以看成是自动的手动变速器。

AMT 是在普通的手动变速器和离合器上配备一套电子控制的液压操纵系统，以达到自动切换档位目的的机构。其实就是在手动变速器的基础上加装了微机控制的自动操纵系统，以此改变原来的手动操作系统。因此，AMT 实际上是由一个机器人系统来完成操作离合器和选档两个动作的，其核心技术是微机系统，电子技术及电子产品质量将直接决定 AMT 的性能与运行质量。

在新型自动变速器中，AMT 技术难度相对较低，但是存在换档动力中断等影响驾驶舒适性的问题。在国内，AMT 目前只应用于一些 A0 级别的车型。由于涉及车型范围较少，车辆也比较低端，因此 AMT 缺少推广的平台，发展前景是 3 类新型自动变速器中最不乐观的。

3. 双离合器变速器（DCT）

双离合器变速器（Double Clutch Transmission，DCT）也称为直接换档变速器（Direct Shift Gearbox，DSG）。

DCT 有一个由两组离合器片集合而成的双离合器装置，由电子装置及液压装置同时控制两组离合器及齿轮组的动作。一个多片式离合器连接 1、3、5 档和倒车档，另一个连接 2、4、6 档。在某一档位时，离合器 1 接合，一组齿轮啮合输出动力；在接近换档时，下一组档段的齿轮已被预选，而与之相连的离合器 2 仍处于分离状态。在换入下一档位时，处于工作状态的离合器 1 分离，将使用中的齿轮脱离动力；同时离合器 2 接合使已被预选的齿轮啮合，进入下一档。两个多片式离合器的一合一离几乎同步完成，整个过程往往只需要 0.2s。

4. 机械式无级变速器（CVT）

机械式无级变速器（Continuous Variable Transmission，CVT）技术的发展，已经有了一百多年的历史。

CVT 采用传动带和工作直径可变的主、从动轮相配合传递动力，可以使传动系统与发动机工况实现最佳匹配。CVT 主要包括主动轮组、从动轮组、金属带和液压泵等基本部件。主动轮组和从动轮组都由可动盘和固定盘组成，与液压缸靠近的一侧带轮可以在轴上滑动，另一侧则固定。可动盘与固定盘都是锥面结构，它们的锥面形成 V 形槽来与 V 形金属带啮合。发动机输出轴输出的动力首先传递到 CVT 的主动轮，然后通过 V 形金属带传递到从动轮，最后经减速器、差速器传递给车轮来驱动汽车。工作时，通过主动轮与从动轮的可动盘做轴向移动来改变主动轮、从动轮锥面与 V 形金属带啮合的工作半径，从而改变传动比。由于主动轮和从动轮的工作半径可以实现连续调节，从而实现了无级变速。

课后习题

一、判断题

1. 离合器的摩擦衬片上粘有油污后，可得到润滑。（　　）
2. 离合器踏板自由行程过大会引起离合器分离不彻底故障。（　　）
3. 摩擦衬片沾油或磨损严重会引起离合器打滑。（　　）

二、选择题

1. 离合器从动盘安装在（　　）上。

   A. 发动机曲轴　　B. 变速器输入轴　　C. 变速器输出轴　　D. 变速器中间轴

2. 离合器的主动部分不包括（　　）。

   A. 飞轮　　　　　B. 离合器盖　　　　C. 压盘　　　　　　D. 摩擦衬片

3. 离合器分离轴承与分离杠杆之间的间隙是为了（　　）。

   A. 实现离合器踏板的自由行程

   B. 减轻从动盘磨损

   C. 防止热膨胀失效

   D. 保证摩擦衬片正常磨损后离合器不失效

4. 离合器的从动部分不包括（　　）。

   A. 离合器盖　　　B. 压盘　　　　　　C. 从动盘　　　　　D. 压紧弹簧

5. 膜片弹簧离合器的膜片弹簧起到（　　）的作用。

   A. 压紧弹簧　　　B. 分离杠杆　　　　C. 从动盘　　　　　D. 主动盘

6. 离合器的从动盘主要由（　　）构成。

   A. 从动盘本体　　B. 从动盘毂　　　　C. 压盘　　　　　　D. 摩擦衬片

项目六

汽车底盘的检查与维护

引言

汽车底盘是汽车构造中十分重要的组成部分,汽车底盘的保养与维护关系着汽车的使用寿命,同时更关系着驾驶人的生命安全。

学习目标

1. 能够正确、熟练地使用维护常用及专用工具,并对这些工具进行维护和调整。
2. 能够运用规范、标准的操作方法对现代汽车进行维护和保养,保证其正常行驶,尽量保证其原有价值。
3. 能够熟练、独立地完成汽车底盘规定的保养项目。

6.1 汽车转向系统的检查与维护

汽车转向系统的功用是改变和保持汽车的行驶方向。汽车转向系统按转向能源的不同分为机械转向系统(图6-1)和动力转向系统两大类。其中,动力转向系统可分为液压动力转向系统、电子液压动力转向系统、电动动力转向系统等。

图 6-1 机械转向系统

1. 汽车动力转向系统的结构与工作原理

（1）液压动力转向系统　液压动力转向系统（图6-2）的转向盘与转向轮之间通过机械部件连接，操控精准，路感反馈直接。动力转向泵由发动机传动带驱动，转向动力充足，大小车辆都适用，技术成熟，可靠性高，平均制造成本低。

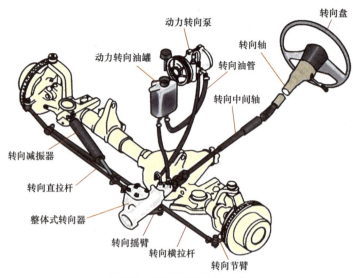

图6-2　液压动力转向系统

液压动力转向系统由于依靠发动机动力来驱动泵，能耗较高，因此车辆的行驶动力无形中就被消耗了一部分。液压系统的管路结构非常复杂，各种控制油液的阀门数量繁多，后期的保养维护成本增加，整套油路经常保持高压状态，使用寿命也受到影响，这些都是液压动力转向系统的缺点。

（2）电子液压动力转向系统　由于液压动力转向系统需要大量消耗发动机动力，所以人们在液压动力转向系统的基础上进行改进，开发出了更低能耗的电子液压动力转向系统，其结构如图6-3所示。这套系统的动力转向泵不再由发动机直接驱动，而是由电动机驱动，并且在之前的基础上加装了电控系统，使得转向辅助力的大小不仅与转向角度有关，还与车速相关。机械结构上增加了液压反应装置和液流分配

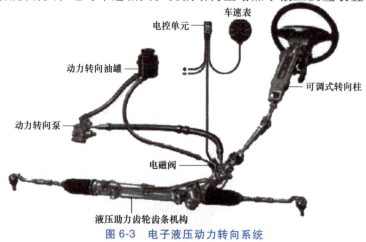

图6-3　电子液压动力转向系统

阀，新增的电控系统包括车速传感器、电磁阀、转向电控单元（ECU）等。

电子液压动力转向系统拥有传统液压转向系统的大部分优点，同时还降低了能耗，反应也更加灵敏，转向助力大小也能根据转角、车速等参数自行调节，更加人性化。

（3）电动动力转向系统　电动动力转向系统（Electric Power Steering，EPS）（图6-4），即电动助力转向系统，是汽车转向系统的发展方向。该系统由电动机直接提供转向动力，省去了液压动力转向系统所必需的动力转向泵、软管、液压油、传动带和装在发动机上的传动带轮，既节省能量，又保护了环境。

驾驶人在操纵转向盘进行转向时，转矩传感器检测到转向盘的转向以及转矩的大小，将电压信号输送到电控单元，电控单元根据转矩传感器检测到的转矩电压信号、转动方向和车速信号等，向电动机控制器发出指令，使电动机输出相应大小和方向的转向助力转矩，从而产生辅助动力。汽车不转向时，电控单元不向电动机控制器发出指令，电动机不工作。

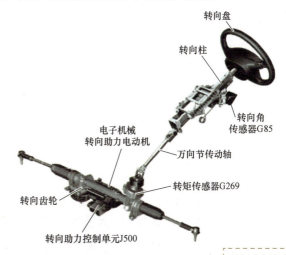

图6-4　电动动力转向系统

2. 转向系统的检查与维护方法

动力转向器结构简单、操纵灵敏性高、转向操纵轻便，而且由于转向器完全封闭，平时不需检查、调整。大多数汽车都采用动力转向系统，下面针对动力转向系统的检查与维护进行介绍。

（1）常规检查与维护

1）使汽车保持直线行驶状态，检查转向盘的自由间隙是否恰当，是否有"卡嗒"声。

2）检查螺栓及螺母是否拧紧，必要时重新拧紧。如果有损伤部件，应维修或更换。

3）检查转向横拉杆是否松动或损坏。如果有损伤部件，应维修或更换。

4）检查转向横拉杆保护罩（图6-5）和转向齿轮箱罩是否有损坏（泄漏、脱开、撕裂等）。如果发现有损坏，应用新罩替换。

5）检查转向轴、转向节是否有"卡嗒"声和损坏，如果有"卡嗒"声和损坏，应更换新部件。

6）检查转向盘能否左右转向自如、能否自动回位。如果转动不良，应维修或更换。

7）检查转向盘是否校准。

（2）专项检查与维护

图6-5　检查转向横拉杆保护罩

1)检查转向盘的自由行程。将汽车停在平坦的硬地面上,并让前轮处于直线行驶状态。起动发动机使其怠速运转,将转向盘向左(或向右)转动到自由行程消除为止,再向右(或向左)转动到自由行程消除,用直尺量取两次转动之间的距离,此距离即为转向系统的自由行程。一般转向盘的自由行程不超过30mm。如果测量值大于规定值,则应进行相应的调整。

2)检查转向角度。将前轮置于转角盘上,如图6-6所示,检查车轮转向角。最大转向时,内侧车轮转向角标准值为40.7°±2°,外侧车轮转向角标准值为32.4°。如果超出标准值,则应进行前束调整后再测量转向角。

图6-6 测量转向角

3)检查转向盘自动回正。检查转向盘回正力时,无论转动转向盘速度快与慢,左右两侧的回正力都应相同。车速在23~30km/h时使转向盘转动90°,保持1~2s后,放松转向盘应回到70°位置。如果快速转动转向盘,可能在瞬间感到转向沉重,这不属于故障。

4)检查转向横拉杆球头预紧力。使用专用工具拆下转向横拉杆和转向节。将球头销转动几次后带上螺母检查预紧力。规定预紧力矩为0.5~2.5N·m,如果超过,应更换横拉杆球头。

5)动力转向系统的密封性检查。动力转向系统的密封性检查应在热车时进行。

6.2 风云2轿车动力转向液的检查和更换

1. 动力转向液量的检查

1)使发动机怠速运转,反复将转向盘从一侧极限位置转到另一侧极限位置,以提高动力转向液的温度,使温度达到40~80℃。

2)检查油罐内液位,应在油罐的"MAX"处。油液量不足时,若经检查各部位无泄漏,则按规定补充动力转向液至"MAX"处,如图6-7所示。

图6-7 动力转向油罐的标示

注意：在加注动力转向液时，建议采用专用机器抽真空注液。如果不采用专用机器（如在返修阶段），添加动力转向液和排气规范如下：先将动力转向液添加至转向油罐总成最高限位，起动发动机低速（怠速）驱动转向泵，使油液迅速充满转向系统。在添加油液过程中，必须让发动机怠速运转驱动叶片泵，同时不断及时添加油液以避免液面下降使泵吸入空气。

2. 动力转向液的更换

1）顶起汽车前轴，从油罐及回流管排出旧油液。
2）使发动机怠速运转，一面排油，一面将转向盘转到底，直至油液排净。

注意：此过程要尽快完成，以免损坏动力转向泵。

3）添加动力转向液。
4）排净转向液压系统的空气。

3. 转向液压系统的排气

1）检查液面高度，必要时添加液压油。
2）使发动机怠速运转，反复使转向盘从一侧极限位置转到另一侧极限位置，直至油罐内无气泡和泡沫为止。如果液面下降，应继续添加油液，直至达到规定液面高度（MAX）为止。

6.3 迈腾轿车转向系统的检查

1. 检查转向横拉杆球头

1）检查间隙，固定装置和防尘罩。
2）如图 6-8 所示，检查主销的防尘套，是否密封不严和损坏。

2. 检查橡胶轴承支座

如图 6-9 所示，检查橡胶轴承支座是否损坏：

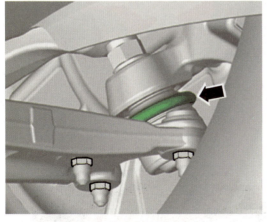

图 6-8　检查主销的防尘套

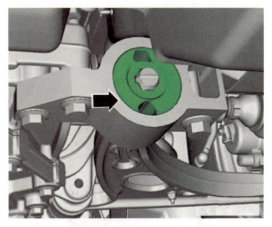

图 6-9　检查橡胶轴承支座

1）不得有间隙。
2）经过硫化的橡胶支座不得有裂缝和空隙。

3. 检查连接杆的防尘头

如图 6-10 所示，检查连接杆的防尘头是否损坏。

4. 检查稳定杆橡胶支座

如图 6-11 所示，检查稳定杆橡胶支座是否损坏。

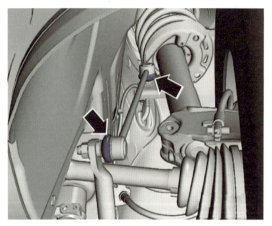

图 6-10　检查连接杆的防尘头

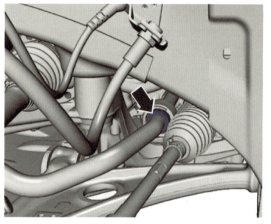

图 6-11　检查稳定杆橡胶支座

6.4　轮胎的检查与维护

1. 轮胎的结构与规格

轮胎是汽车的重要部件之一，它直接与路面接触，与汽车悬架共同缓和汽车行驶时受到的冲击，保证汽车具有良好的乘坐舒适性和行驶平顺性，保证车轮和路面有良好的附着性，提高汽车的牵引性、制动性和通过性，承受汽车的重量。轮胎在汽车上所起的作用越来越受到重视。

（1）轮胎分类　轮胎按结构不同可分为子午线轮胎（图 6-12）和斜交轮胎（图 6-13）。

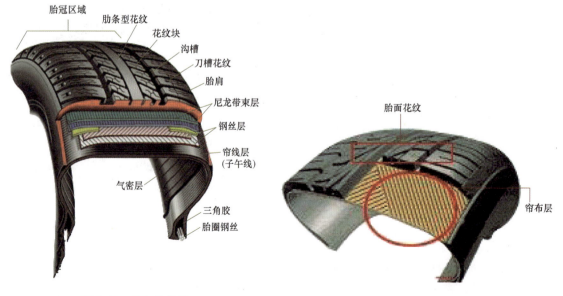

图 6-12　子午线轮胎　　　　　　　　　图 6-13　斜交轮胎

如图 6-14 所示，轮胎按花纹不同可分为条形花纹轮胎、横向花纹轮胎、混合花纹轮胎、越野花纹轮胎。

图 6-14　不同花纹的轮胎

轮胎按结构不同可分为有内胎（图 6-15）轮胎和无内胎轮胎（图 6-16）。

图 6-15　轮胎内胎

图 6-16　无内胎轮胎

（2）轮胎的规格　以一汽奔腾原厂配的轮胎为例，轿车轮胎的规格为 205/55R1691VK407。

"205"指轮胎名义断面宽度，即两个胎侧之间的宽度（以 mm 为单位）。此宽度随轮胎所匹配轮辋宽度的不同而不同：宽轮辋配宽轮胎，窄轮辋配窄轮胎。一般在胎侧标示的胎宽指当轮胎安装到所建议宽度的轮辋时的宽度。

"55"指轮胎的名义高宽比，即胎宽与胎高的比例，这里表示胎高占胎宽的 55%，数值越小，越显扁平。

"R"指轮胎的结构类型代号，表示此轮胎为子午线结构，即它的帘布层是呈辐射状排布在胎体内的。"D"表示轮胎为斜交结构，目前斜交结构的轿车轮胎已不使用。

"16"表示轮辋名义直径（以 in 为单位，$1in = 0.0254m$），此轮胎必须匹配 16in 的轮辋，否则无法安装。

"91"表示负荷指数，不同的负荷指数代表不同的最高负荷（通常以 lb 或 kg 为单位，$1lb = 0.45359237kg$）。

"V"表示速度级别，此轮胎最高速度为 240km/h。不同的英文字母表示不同的速度级别。

"K407"表示轮胎的花纹。

2. 轮胎的检查与维护方法

（1）测量轮胎花纹深度

1）专用工具。通过使用轮胎花纹深度尺（图6-17），可以便捷地测出轮胎是否超出安全的花纹深度。一般来说，当轮胎磨耗到胎面花纹沟深度仅剩1.6mm时，就必须更换。这时纵贯胎面的"磨耗标记"胶条便会明显显露出来，表示应马上更换轮胎。

2）使用方法。将花纹深度尺的尖端，伸入轮胎胎面同一横截面的几个主花纹沟中，测量它的深度，得出一组数值，从中得出平均数（图6-18）。如果经常高速行车，当测得轮胎剩余花纹沟深度低于3mm时，建议尽快更换轮胎。

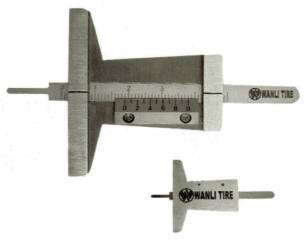

图6-17　轮胎花纹深度尺

测量时，可将辅助尺"0"刻度所处位置的左侧主尺刻度读为整数，辅助尺的哪一个刻度与主尺任一刻度对齐（或最接近对齐），数值则作为小数点后读数。

例如，辅助尺的"0"刻度位于主尺"20"与"21"刻度之间，读数为20mm。辅助尺的刻度"2"与主尺的某一刻度对齐，读数为0.2mm。主尺读数与辅助尺读数相加即为总读数，即20.2mm。

（2）轮胎充气

1）专用工具。车用打气泵又称充气机、打气机、车载充气泵，通过内部电动机的运转来工作。抽气时，连通器的阀门被大气的气压冲开，气体进入气筒；而向轮胎中充气时，阀门被气筒内的气压关闭，气体就进入了轮胎中。对于高压充气泵（图6-19）的使用，应注意以下事项：

① 高压充气泵应放置在较平稳的地方，周围环境应清洁、干燥、通风。

② 高压充气泵叶轮旋转方向必须与风扇罩壳上所标箭头方向一致。

③ 高压充气泵工作时，应避免风机的进风口和出风口出现完全封死现象，以免

图6-18　轮胎花纹深度测量方法

图6-19　高压充气泵

使气泵产生过大的热量和电动机超电流引起气泵损坏。

2) 使用方法。

① 把充气泵的气嘴对准轮胎阀门，沿顺时针方向将气嘴旋紧。

② 将电源插头插入汽车点烟器内。

③ 将产品开关按到"on"位置，开始工作。到了轮胎规定压力后将开关按到"off"位置。

④ 沿逆时针方向将充气泵气嘴拧下，从点烟器内拔出电源插头。

⑤ 将电线及橡胶气管收纳好。

3. 胎压的测量

（1）工具　轮胎气压表（图6-20）由表头、活塞、表体、标尺、主弹簧等组成，表头上只有一个气压计量口，量程刻度值为 0.7~4bar（1bar=10^5Pa）。

（2）操作步骤

1) 轿车一般胎压为1.8~3bar。如图6-21所示，通常车门内侧或油箱盖或说明书写有轮胎胎压要求，前轮和后轮一般不一样。

图6-20　轮胎气压表

图6-21　车门内侧标准胎压值

2) 将胎压表的气门接口压住轮胎气嘴，检测轮胎压力，如图6-22所示。

3) 检测结束后，若胎压表为电子式（图6-23），则按回零按钮，并给轮胎重新

图6-22　测胎压操作图

图6-23　电子式胎压表测胎压操作

盖上气嘴帽。

常见胎压单位换算：$1psi = 0.0703 kgf/cm^2 = 0.0689 bar = 6.8948 kPa$

6.5 迈腾轿车轮胎的检查

1. 检查轮胎胎面

根据前车轮的运行状况可以判断，是否需要检查前束和车轮外倾角：

1）轮胎花纹上有毛刺表示轮距有误。

2）在大部分情况下，轮胎滚动面一侧磨损严重是车轮外倾故障造成的。如果发现此类磨损现象，应进行四轮定位（维修措施）予以校正。

2. 轮胎花纹深度（包括备用车轮）检查

最低花纹深度为1.6mm。

注意：

1）由于法规不同，该值在一些国家是不同的。

2）如果在轮胎圆周多处1.6mm高的磨损标记（图6-24中箭头所示位置）上没有花纹，则表明达到了最低花纹深度。

3）如果花纹深度接近法规允许的最低花纹深度，应告知车辆用户。

图6-24 轮胎磨损标记

3. 轮胎充气说明

1）表6-1给出的轮胎胎压对于普通轮胎以及所有出厂前安装的轮胎有效。

2）注意表中列出的轮胎胎压适用于冷态轮胎。当轮胎处于热态时，不要调整胎压。

3）请根据车辆载荷调整胎压。

4）相应车型的充气压力值也可在粘贴于油箱盖内侧或在驾驶人侧B柱的标签上找到。

5）将轮胎压力调整得与车辆负荷相适应。

6）备胎的压力应为该车型所规定的最高轮胎压力。

表6-1 迈腾轮胎充气压力表

汽油发动机		胎压			
功率	轮胎规格	半负荷/bar		全负荷/bar	
		前部	后部	前部	后部
1.4L,96kW	205/55 R16	2.0	2.0	2.2	2.7
1.8L,118kW	215/55 R16	2.2	2.2	2.4	2.9
2.0L,147kW	235/45 R17	2.4	2.4	2.6	3.0
备用车轮		4.2	4.2	4.2	4.2

注：$1bar = 10^5 Pa$。

6.6 制动系统的检查与维护

制动系统是汽车上用以使外界（主要是路面）在汽车某些部分（主要是车轮）施加一定的力，从而对其进行一定程度的强制制动的一系列专门装置。

制动系统的作用：

1）使行驶中的汽车按照驾驶人的要求进行强制减速甚至停车。

2）使已停驶的汽车在各种道路条件下（包括在坡道上）稳定驻车，使下坡行驶的汽车速度保持稳定。制动系统示意图如图 6-25 所示。

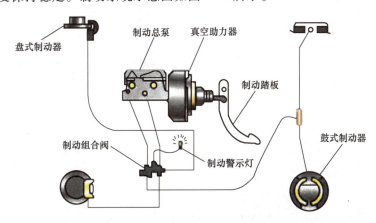

图 6-25 制动系统示意图

1. 汽车制动系统的分类

汽车制动系统的分类见表 6-2。

表 6-2 汽车制动系统的分类

分类方法	类型	特点
按功能分类	行车制动	使行驶中的汽车减速或加速
	驻车制动	使停在各种路面上的汽车驻留原地不动
	应急制动	在行车制动系统失效后使用
	辅助制动	增设的制动装置，以适应山区行驶及特殊用途汽车需要

2. 制动器的分类和结构

制动器是产生阻碍车辆运动或运动趋势的力（制动力）的部件。汽车上常用的制动器都是利用固定元件与旋转元件工作表面的摩擦产生制动力矩，称为摩擦制动器。它有鼓式制动器（图 6-26）和盘式制动器两种结构形式。图 6-27 所示为通风盘式制动器。

3. 制动系统的检查与维护

一般情况下，由于制动导致的事故都会产生非常严重的后果。因此，检查维护好制动系统是行车安全的重要保证，在实际使用时要注意以下方面。

（1）制动摩擦片的拆装与检查　车辆的制动性能最终是由制动片摩擦决定的，制动摩擦片和制动盘（鼓）是有使用寿命的，当它们磨损到一定程度时必须更换，如图 6-28 所示。一般城市行车的正常使用，制动摩擦片的使用寿命约为 3 万 km，但是具体情况还要看车辆的使用情况,每1万km需要检查一次。

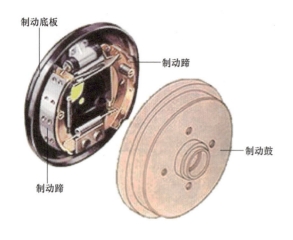

图6-26 鼓式制动器

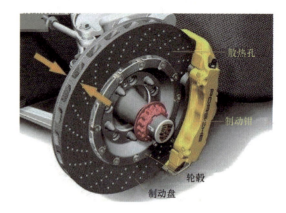

图6-27 通风盘式制动器

用游标卡尺测量制动摩擦片的厚度,如图6-29所示,测量点应不少于3个,厚度小于2mm时应立即更换。

图6-28 更换制动摩擦片

图6-29 制动摩擦片厚度的测量

(2)真空助力器的检查

1)真空助力器工作状况的检查。起动发动机,怠速运转1~2min后熄火。踩下制动踏板数次,检查制动踏板是否升高。踩下制动踏板后,起动发动机,检查制动踏板是否下沉。若不下沉,则说明真空助力器工作不良,应检查真空管路或更换真空助力器。

2)真空助力器的真空检查。起动发动机,踩下制动踏板并保持30s后使发动机熄火,检查制动踏板高度是否不变。若制动踏板高度发生变化,则说明真空助力器有真空泄露。

(3)驻车制动器的检查

1)将点火开关置于ON位置,拉起驻车制动手柄时,仪表板上的驻车警告灯应亮。放松驻车制动手柄时,警告灯应熄灭。

2)检查驻车制动器的预定行程。如图 6-30 所示,用约 197N 的力缓慢拉起驻车制动手柄,驻车制动手柄在预定的槽数内(拉动时可以听到"咔哒"声)。标准响声为 6~9 响。

3)检查驻车制动器的棘爪锁定性能。将车辆举升至轮胎的最低点距离地面约 20cm 的高度,一个人拉紧驻车制动手柄,另一人转动两后轮。如果转不动后轮,说明棘爪的锁定性能良好;如果棘爪不可靠,应更换驻车制动器总成。

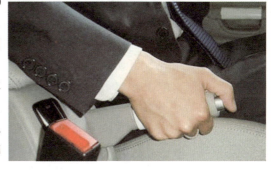

图 6-30 拉起驻车制动手柄进行检查

4)检查驻车制动器的解锁性能。一个人按下驻车制动手柄前端按钮,驻车制动手柄快速复位,另一个人转动两后轮,检查车轮转动情况。如果车轮转动阻力过大,说明该车驻车制动器复位性能不良,应检修。

(4)制动管路的检查

1)检查制动总泵、储液罐和油管是否存在泄漏现象。

2)举升车辆至高位,检查制动管路油管与车身底板有无摩擦,油管是否有压痕、泄露。

3)检查制动管路是否存在老化、裂纹和泄露的情况。

4)检查制动管路软管和硬管连接是否可靠。

5)转动车轮,观察车轮内侧是否与制动管路产生摩擦或干涉(图 6-31)。

(5)制动液的检查 检查储油罐内制动液的液面是否正常。制动液的液面应位于储液罐上 MIN 与 MAX 刻度线之间,如图 6-32 所示。若液量不足,应先对液压系统进行泄露检查,再补充制动液至规定液面高度。

图 6-31 制动油管的检查

(6)制动液的更换 用常用方法更换制动液需要两个人配合进行,一个人踩制动踏板,给液压制动系统加压;另一个人打开制动分泵上的放气阀,排出制动系统中的空气。具体步骤如下:

1)汽车维修人员 A 进入驾驶室,端坐在驾驶人座位上,关闭车门,降下车窗玻璃,放松驻车制动手柄。

2)汽车维修人员 B 操纵举升机将汽车举升至合适的高度,并可靠锁止举升臂。

图 6-32 观察制动液液面高度

3)汽车维修人员 B 用手取下右后轮制动分泵放气阀上的防尘罩,将塑料软管一端插入制动分泵的放气阀,另一端插入接油容器中。

4）汽车维修人员 B 使用专用扳手拧松制动分泵上的放气阀，汽车维修人员 A 开始踩制动踏板。

5）汽车维修人员 B 观察制动液排放情况，当无油液排出时拧紧放气阀，取下塑料软管。至此，右后轮制动分泵内的制动液排放完毕。按照相同的操作要求，依次排放左后、右前、左前车轮制动分泵内的制动液。

6）制动液排放完毕后，应进行必要的制动管路清洗。

7）汽车维修人员 B 操纵举升机将车辆降至地面。

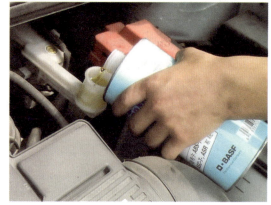

图 6-33　添加制动液

8）汽车维修人员 B 将制动液缓慢倒入储液罐内，如图 6-33 所示，直到液面达到规定要求为止，最后旋紧储液罐盖。

6.7　迈腾轿车制动系统的检查与维护

1. 制动液液位检查

在检查制动液液位前，须注意以下内容：

1）制动液的液位取决于摩擦片的磨损情况。

2）切勿将制动液与含矿物油的液体（机油、汽油、清洁剂）混合，因为矿物油会损坏制动装置的密封件和密封套。

3）制动液有毒性，而且制动液有腐蚀性，因此不允许与车漆接触。

4）制动液具有吸湿性，这意味着会从周围环境中吸取湿气，因此必须保存在密闭容器中。

5）如果有制动液溢出，要用大量的水冲洗。

6）进行汽车移交检查时，液位必须在 MAX 处（图 6-34）。

常规保养检查制动液液位时应注意：

1）必须参照制动摩擦片磨损的情况评价制动液。

2）在行车时，由于制动摩擦片的磨损和自动调整会使液位略微降低。

3）当制动摩擦片磨损极限快到时，若制动液位在 MIN（最低）标记处（图 6-34）或者上面一些时，则不要求加注。

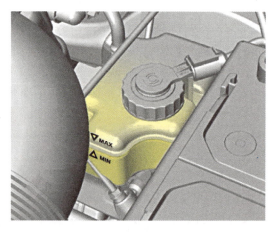

图 6-34　制动液液位标记

4）当制动摩擦片是新的或者离摩擦片磨损极限还有很大距离时，制动液液位应位于 MIN 与 MAX 标记之间。

2. 制动系统的排气

制动系统排气所需要的专用工具和维修设备包括制动液加注及排气装置VAS5234，如图6-35所示。

如果在带有电子差速锁（EDS）、驱动防滑系统（ASR）或电子稳定程序（ESP）的汽车上有一个制动液储液腔完全为空（如在制动系统中不密封时），必须首先进行制动系统的预排气。

（1）预排气　连接制动液加注及排气装置VAS5234。

排气顺序：

1）将左前和右前的制动钳同时排气。

2）将左后和右后的制动钳同时排气。

插上排气瓶软管后打开排气阀，直至排出的制动液无气泡为止。接着通过功能"基本设置"用测试仪VAS5051再次对液压单元排气。

开始基本设置（以便制动系统进行排气）：连接VAS5051并选择功能。然后，必须对制动系统再次排气。

图6-35　制动液加注及排气装置VAS5234

（2）排气（正常）　必须严格遵守制动系统排气的工作步骤。

连接制动液加注及排气装置VAS5234或V.A.G1869，以规定的顺序打开排气阀并对制动钳排气，依次为左前制动钳、右前制动钳、左后制动钳、右后制动钳。

使用合适的排气软管。它必须紧固在排气阀上，以避免空气进入制动装置。在插上排气软管后打开制动钳排气阀，直至排出的制动液无气泡为止。

（3）再排气　此操作需要2个装配人员（A和B）配合进行：

1）人员A用力踩下制动踏板并踩住。

2）人员B打开制动钳上的排气阀。

3）人员A将制动踏板踩到底。

4）人员B在踏板踩下时关闭排气阀。

5）人员A慢慢松开制动踏板。

每个制动钳必须进行5次排气。排气顺序：①左前制动钳；②右前制动钳；③左后制动钳；④右后制动钳。

排气后必须进行试车，同时必须至少进行一次ABS调节。

3. 前部盘式制动器摩擦片的检查

该项检查所需的专用工具和维修设备包括力矩扳手V.A.G1332，手电筒和镜子。

具体操作步骤如下：

1）为便于更好判断剩余摩擦片的厚度，将驾驶人侧的车轮拆下。

2）必要时拔下车轮螺栓盖罩。

3）在车轮对于制动盘的位置做标记。

4）旋出车轮紧固螺栓，拆下车轮。

5）测量内、外摩擦片的厚度。图6-36所示a即为摩擦片厚度，不包括背板的磨损尺寸为2mm。

如果摩擦片厚度（不带背板）为2mm，则说明摩擦

图6-36　摩擦片厚度（前）

片达到了磨损极限，必须予以更换（维修措施）。

如果更换盘式制动器摩擦片，须检查制动盘的磨损情况，必要时更换制动盘。完成摩擦片厚度的检查后，装复车轮。

1）按照标记的位置装入车轮。
2）按规定的拧紧力矩沿对角线交错拧紧车轮固定螺栓。
3）工作结束后将适配器放回随车工具中。
4）必要时装上车轮螺栓盖罩。

4. 后部盘式制动器摩擦片的检查

该项检查所需的专用工具和维修设备与前部摩擦片检查的相同。

具体操作步骤如下：

1）用手电筒照亮辐板式车轮的开口。
2）目测得出外摩擦片的厚度。
3）用手电筒照亮内摩擦片并拿住镜子。
4）目测得出内摩擦片的厚度。图 6-37 所示 a 即为摩擦片厚度，不带背板，磨损极限尺寸为 2mm。

如果摩擦片厚度（不带背板）为 2mm，则说明摩擦片达到了磨损极限，必须予以更换（维修措施）。

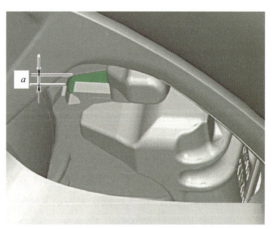

图 6-37　摩擦片厚度（后）

6.8　小知识——电控制动技术和制动新材料

1. 电控制动技术

对于传统的液压制动系统来说，越来越复杂的系统结构已经让它有些"不堪重负"，而使用电动机作为制动能源的电子机械制动系统（EMB）显然拥有更强的适应性。电子机械制动系统不需要液压油或压缩空气来传递能量，这不仅可省略许多管路和传感器，而且信号传递更加迅速，更有利于各种电控技术在制动系统中的应用。电控制动技术示意图如图 6-38 所示。

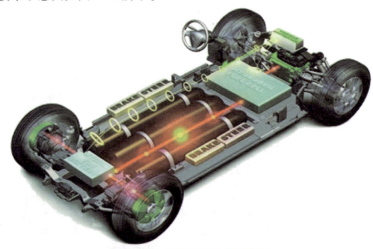

图 6-38　电控制动技术示意图

2. 制动新材料的应用

各种高分子材料、纳米材料、复合材料等均在汽车制动系统中得到应用，有效延长了制动系统的使用寿命，改善了制动性能，降低了制动时产生的噪声。例如布雷博（Brembo）推出的 StarPillar 制动盘采用高碳、低硅的特种铸铁制成，重量更轻，工作温度也更低。制动新材料如图 6-39 所示。

高碳、低硅特种铸铁

碳纤维陶瓷

图 6-39　制动新材料

课后习题

一、填空题

1. 轮胎规格 205/70HR15，其中 205 表示_____，70 表示_____，H 表示_____，R 表示_____，15 表示_____。
2. 普通液压动力转向系统克服了机械转向系统_____和_____之间的矛盾。
3. 汽车上采用的车轮制动器是利用_____来产生制动的，它的结构分为_____和_____两种。

二、简答题

1. 简述转向盘自由行程的检查方法。

2. 液压转向系统如何进行动力转向液的更换？

3. 简述制动液的更换流程及制动系统的排气过程。

三、填图题

1. 在图 6-40 中标出动力转向系统的各部件名称。

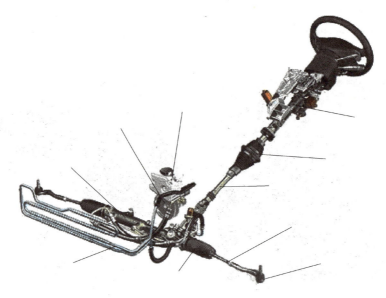

图 6-40　动力转向系统部件

2. 标出图 6-41 所示制动系统各部件的名称。

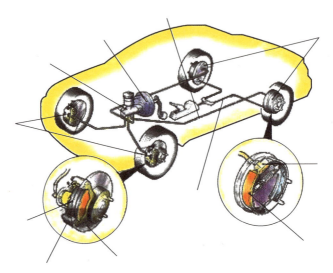

图 6-41　制动系统部件

项目七

汽车电源和起动系统的检查与维护

引言

汽车电气设备所使用的电源是直流电源,它来自蓄电池或发电机。电源系统由蓄电池、发电机、调节器及充电状态指示装置、开关和导线等连接而成。汽车起动系统由蓄电池、点火开关、继电器、起动机等组成。

学习目标

1. 能对蓄电池和起动系统技术状况进行检查和维护。
2. 能正确完成蓄电池的充电作业。
3. 能完成电源系统和起动系统的日常维护作业。

7.1 汽车电源系统的检查与维护

在发动机正常工作时,由发电机向用电设备供电并向蓄电池充电。起动时,蓄电池向起动机供电。为保证发电机输出的电压稳定在一定范围内,防止因电压起伏过大而烧毁用电设备,充电状态指示装置指示蓄电池的充、放电状况。

1. 汽车电源系统的组成

汽车电源系统的组成如图 7-1 所示,发电机与蓄电池并联。

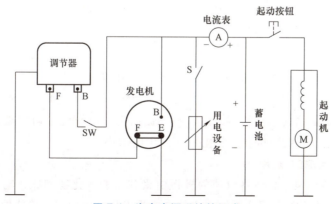

图 7-1 汽车电源系统的组成

（1）蓄电池的构造与作用　蓄电池主要由极板、隔板、电解液和外壳组成。蓄电池由3个或6个单体电池串联而成，每个单体电池的电压约为2V，串联成6V或12V以供汽车选用。蓄电池的结构如图7-2所示。

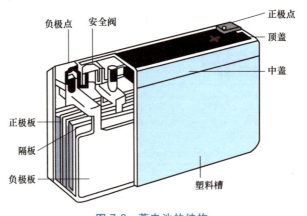

图7-2　蓄电池的结构

（2）发电机的作用与原理

1）发电机的作用。发电机是汽车的主要电源，其作用是在发动机正常运转时（怠速以上），向所有用电设备（起动机除外）供电，同时向蓄电池充电。发电机供电系统简图如图7-3所示。

发动机的输出电压与转速、电流有关。若电流与转速发生变化，则输出电压变化，这对于用电设备是不允许的，因此要加装调节器。

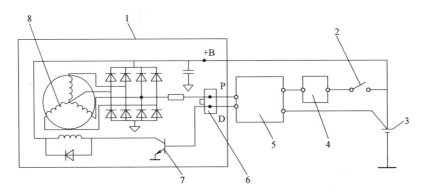

图7-3　马自达6轿车发动机供电系统简图

1—发电机　2—点火开关　3—蓄电池　4—充电指示灯　5—动力控制模块
6—发电机插接器　7—功率晶体管　8—发电机三相定子绕组

2）交流发电机的发电原理。如图7-4所示，在发电机内部有一个由发动机驱动的转子（旋转磁场），磁场外有一个定子绕组，绕组有3组线圈（3相绕组），3相绕组彼此相隔120°。当转子旋转时，旋转磁场使固定的电枢绕组切割磁力线（或者说使电枢绕组中通过的磁通量发生变化）而产生电动势。

2. 汽车蓄电池的分类

（1）普通蓄电池　普通蓄电池的极板由铅和铅的氧化物构成，电解液是硫酸的水溶液，其基本结构如图7-2所示。它的主要优点是电压稳定、价格便宜，缺点是比

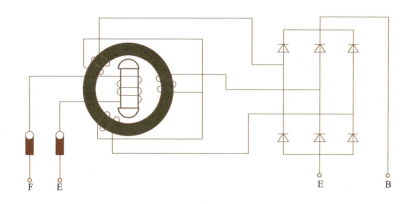

图 7-4 交流发电机的发电原理

能低（即每 kg 蓄电池存储的电能）、使用寿命短和日常维护频繁。

（2）干荷蓄电池 干荷蓄电池的全称是干式荷电铅酸蓄电池。它的主要特点是负极板有较高的储电能力，在完全干燥状态下，能在两年内保存所得到的电量，使用时，只需加入电解液，等待 20~30min 即可使用。

（3）免维护蓄电池 免维护蓄电池（图 7-5）由于自身结构上的优势，电解液的消耗量非常小，在使用寿命内基本不需要补充蒸馏水。它还具有耐振、耐高温、体积小、自放电小的特点，使用寿命一般为普通蓄电池的两倍。

3. 汽车蓄电池的检查与维护

（1）电解液密度的检查 在蓄电池从充足电到放电终了时，其电解液的密度下降约 0.16。而电解液密度下降，相当于蓄电池放电。当冬季放电程度超过 25%、夏季放电程度超过 50%（密度下降 0.08）时，就应对蓄电池进行补充充电。电解液液面高度的检查如图 7-6 所示。

图 7-5 免维护蓄电池

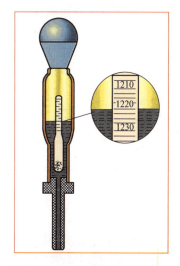

图 7-6 电解液液面高度的检查

（2）蓄电池放电程度的检查 蓄电池的放电程度可根据电解液密度判断，也可用高率放电计或蓄电池测试器检查。

1）根据电解液密度判断。根据实际经验，电解液密度每下降 0.04g/cm³，相当于蓄电池放电的 25%，因此从测得的电解液密度就可以粗略估算出蓄电池的放电程度。

测量电解液密度时应注意：必须同时测量电解液温度，以便对测得的电解液密度进行修正，得到对应 25℃时的电解液密度。在大电流放电或加注蒸馏水后，不能立即测量电解液密度，应等电解液充分混合均匀后再测，一般在 30min 以后即可。

2）用高率放电计检查。高率放电计模拟接入起动机的负荷，通过测量蓄电池在大电流（接近起动机起动电流）放电时的端电压，判断蓄电池的技术状况和起动能力。其使用方法如下：如图 7-7 所示，将设备上端的负极测针插到蓄电池负极接线柱上，再将用导线连接的正极测针插到蓄电池的正极接线柱上，此时蓄电池会通过放电电阻放电，表针指示蓄电池的技术状况和放电端电压。迅速读取指示数值，取下针状电极停止放电。

图 7-7 高率放电计检查

(3) **蓄电池开路电压检查** 检查蓄电池开路电压时，为了获得准确的测量结果，蓄电池充电完成后至少应等待 10min，或者接通前照灯 30s，以消除"表面充电"现象。然后切断所有负载，等蓄电池的电压稳定后才能进行电压检查。对于技术状况良好的蓄电池，当以起动电流或规定的放电电流连续放电 15s 时，端电压应不低于规定值。

7.2 大众 CC 轿车蓄电池接线端的检查

1. 检查蓄电池接线端

1）如图 7-8 所示，打开蓄电池卡扣，向前取出盖板。

2）如图 7-9 所示，通过来回移动蓄电池负极线 1 和蓄电池正极线 2，检查蓄电池接线是否牢固。

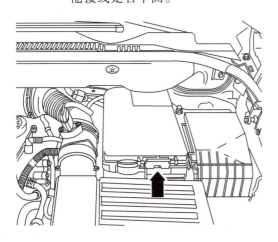

图 7-8 打开蓄电池卡扣

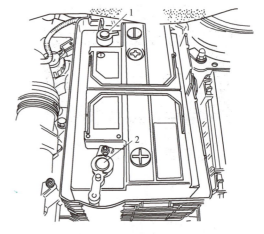

图 7-9 移动蓄电池极线

2. 蓄电池接线端不牢固的处理

1) 如果蓄电池正极接线端不牢固，则必须先断开蓄电池负极接线端（以避免发生事故），以 9N·m 的力矩拧紧蓄电池正极接线端。重新连接蓄电池负极接线端，然后同样以 9N·m 的力矩拧紧。

2) 如果蓄电池负极接线端不牢固，则以 9N·m 的力矩拧紧蓄电池负极接线端，然后重新安装盖板。

7.3 小知识——新颖但有实用前景的电池技术

1. 固态电池

大部分传统锂电池都有两个电极，即阳极和阴极，阴极和阳极之间是用来传导锂离子的液体电解质。而锂电池的主要问题就是这种电解质非常易燃，如果锂电池破损或者受到了重击，电池就可能起火（图7-10）。

固态电池中并没有液体电解质，它们使用一层其他材料在两电极之间传导离子和产生能量。

安全性好是固态电池技术的一个优点。因为固态电池中没有液体电解质，所以不需要额外的防护层，可以做得更轻、更小。

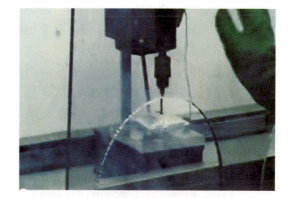

图 7-10　电池起火

2. 铝空气电池

近几年有公司正在研究一种完全不需要锂的电池技术，即铝空气电池。理论上，这种电池可以在几分钟内充好电。在这种新型的电池中，其中的一个电极是铝板，而另一个电极则是氧气，准确地说是氧气和水电解质。当氧与铝板发生交互作用时，就会产生能量。铝空气电池示意图如图7-11 所示。

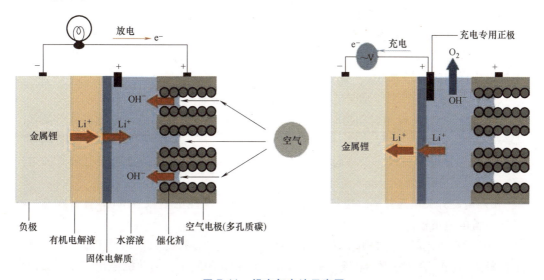

图 7-11　铝空气电池示意图

这种形式的能量产生模式有一个固有的缺陷。当铝和氧气发生反应产生能量时，可用的铝含量会随着放电而减少。另外，这种电池只有一个电流方向：从阳极到阴极。这就意味着这种电池不能充电，因此当电池放完电后，必须取下来回收并更换新的电池。正是这个缺陷极大地限制了铝空气电池的大规模应用推广。但是对于电动汽车来说，如果服务站的基础设施配置好，那么这项技术也是一个非常不错的选择。

3. 微型电池

传统电池的一个问题是它们的尺寸。尽管设备上的每个部件都在变小，但是电池却依然还是那么大。例如，某款笔记本计算机的厚度基本上都是电池撑起来的，尽管在设计上采用超高效的分层结构，但电池仍然占据了大量的空间。

越来越多的研究开始集中到了 3D 微电池上面。

3D 微电池在微观层面上增加电极的层数来增加电极的表面积，表面积增加后，离子从一个电极移动到另一个电极变得更加容易，这就增加了电池的功率密度，提高了电池充放电的速率。3D 微电池如图 7-12 所示。

4. 石墨烯电池

美国俄亥俄州的 Nanotek 仪器公司利用锂离子在石墨烯表面和电极之间快

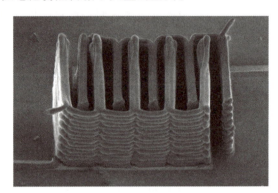

图 7-12　3D 微电池

速大量穿梭运动的特性，开发出一种新的电池。这种新的电池可把数小时的充电时间压缩至不到一分钟。分析人士认为，未来一分钟快充石墨烯电池实现产业化后，将带来电池产业的变革，从而促使新能源汽车产业的革新。

7.4　汽车起动系统的检查与维护

现代汽车发动机以电动机作为起动动力。起动系统的功用是通过起动机将蓄电池的电能转换成机械能来起动发动机。

1. 汽车起动系统的组成及工作原理

（1）起动系统的组成　汽车起动系统由蓄电池、起动机、起动继电器及点火开关等组成，如图 7-13 所示。

（2）起动系统的工作原理　起动系统的控制电路如图 7-14 所示。

1）当点火开关旋至起动挡时，起动继电器线圈通电，电流经蓄电池正极→熔断器→电流表→点火开关起动挡→起动继电器线圈 L1→充电指示灯继电器动断触点 K2→搭铁→蓄电池负极。于是起动继电器的动合触点 K1 闭合，接通了电磁开关电路，如图 7-15 所示。

2）电磁开关电路接通，电流经蓄电池正极→起动继电器触点 K1→吸引线圈→搭铁→蓄电池负极。

3）发动机起动后，松开点火开关，点火开关自动返回点火档（一档），起动继电器触点 K1 断开，切断了电磁开关的电路，电磁开关复位，起动机停止工作，如图 7-16 所示。

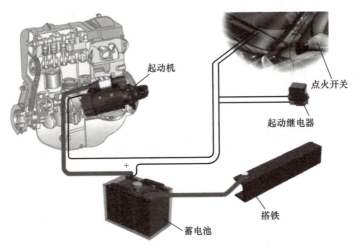

图 7-13 起动系统的组成

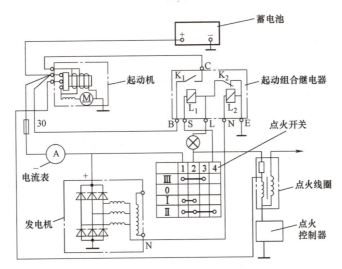

图 7-14 起动系统的控制电路

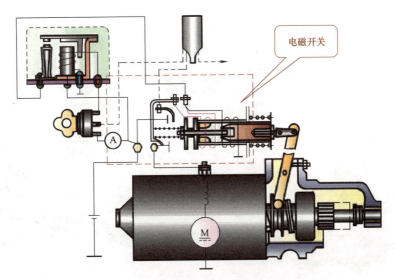

图 7-15 起动系统的工作原理（1）

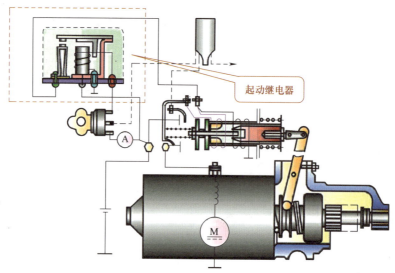

图 7-16 起动系统的工作原理（2）

4）若发动机起动后，点火开关没能及时返回点火档（一档），这时复合继电器中充电指示灯继电器线圈由于承受了硅整流发电机中性点电压，使动断触点 K2 打开，自动切断了起动继电器线圈的电路，触点 K1 断开，使电磁开关断电，起动机便自动停止工作。

5）若在发动机运转时，误将起动机点火开关旋至起动档位，由于在此控制电路中，充电指示灯继电器的线圈上总加有硅整流发电机中性点电压，充电指示灯继电器触点处于断开状态，起动继电器线圈不形成电流回路，电磁开关不动作，起动机不工作。

2. 起动机的分类

按控制方法不同，起动机可分为机械控制式和电磁控制式；按传动机构啮入方式，起动机可分为惯性啮合式、强制啮合式、电枢移动式、齿轮移动式和同轴式。电枢移动式起动机的结构如图 7-17 所示。

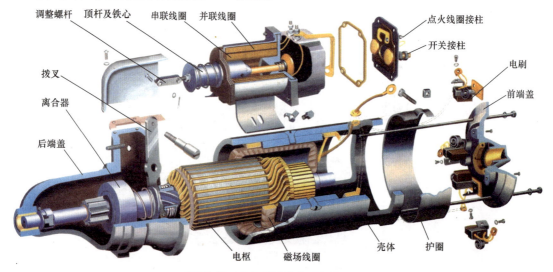

图 7-17 电枢移动式起动机的结构

除上述外，还有磁极为永久磁铁的永磁式起动机，以及内装减速齿轮的减速起动机等。

3. 起动机的分解检修

（1）换向器的检修　换向器的故障多为表面故障，若有轻微灼烧，可用细砂纸打磨光滑。严重烧蚀的换向器径向厚度不得小于 0.2mm，否则予以更换。

（2）磁场绕组的检修

如图 7-18 所示，检修磁场绕组总成时，用万用表或交流试灯进行检查。将两个表笔分别连接磁场绕组引线端头和起动机壳体，万用表应不导通（即阻值应为无穷大）或试灯不发亮。如果万用表导通（即阻值约为 0）或试灯亮，说明磁场线圈绝缘损坏而搭铁，需要更换磁场绕组或起动机。

起动机磁场绕组断路故障可用万用表或交流试灯进行检查。将两个表笔分别连接磁场绕组引线端头和正端电刷，试灯应亮，或万用表指示的阻值应接近 0。如果试灯不亮或阻值为无穷大，说明磁场绕组断路。如果发现磁场绕组的外部包扎层已烧焦，应换掉原有绝缘纸，用纱带重新包扎后浸漆烘干。

注意：应用蓄电池 12V 直流电源检查短、断路。

 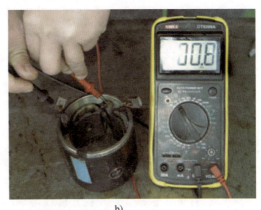

图 7-18　起动机磁场绕组检测
a）磁场绕组搭铁的检查　b）磁场绕组断路的检查

（3）单向离合器的检修　将单向离合器夹紧在台虎钳上，用扭力扳手沿逆时针方向转动，如图 7-19 所示。单向离合器应能承受制动试验时的最大转矩而不打滑。若不符合要求，则应更换。

（4）电磁开关的检修

1）轻微烧蚀时可用砂布打磨光滑，严重烧蚀时应予更换。

2）吸引线圈和保持线圈的检修。用万用表"R×1"档检查吸引线圈和保持线圈的电阻值，若线圈已断路或有严重短路，应更换。线圈的检测如图 7-20 所示。

图 7-19　单向离合器检修

图 7-20 线圈检测

a）吸引线圈检测　b）保持线圈检测

7.5 大众 CC 轿车起动机的检查与拆装

1. 检测起动机

1）连接车辆诊断测试仪。

2）选择车辆诊断测试仪中的运行模式"引导型故障查询"。

3）通过"跳转"按钮选择"功能/部件选择"，并依次选择以下菜单项：

① 车身；

② 电气设备；

③ 起动机，供电；

④ 电气部件；

⑤ 起动机。

2. 拆卸起动机

1）断开蓄电池，拆卸空气滤清器，沿图 7-21 所示箭头方向向下推出电磁开关中的护罩。

2）拧下正极线 1，并脱开接线端 50 的插头连接 2，如图 7-22 所示。

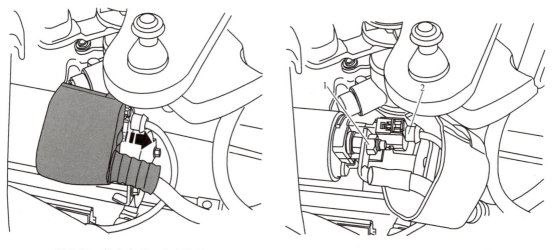

图 7-21 推出电磁开关中的护罩　　　　图 7-22 脱开接线端插头

3）拧出起动机的上部紧固螺栓，如图 7-23 箭头所示。

项目七 | 汽车电源和起动系统的检查与维护　83

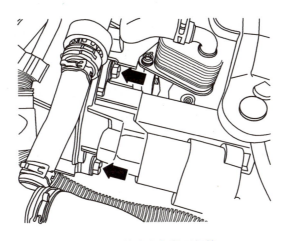

图 7-23　拧出上部紧固螺栓

4）拧出起动机的下部紧固螺栓，如图 7-24 箭头所示，向上从车中取出起动机。

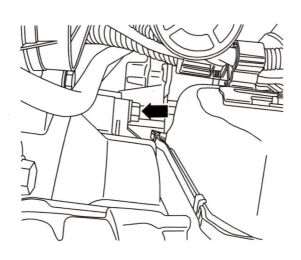

图 7-24　拧出下部紧固螺栓

3. 起动机的安装

安装以与拆卸相反的顺序进行。

7.6　小知识——易损坏起动机的驾驶行为

1. 起动机打齿

当发动机在空档状态下熄火时，会固定在一个位置，这样会导致飞轮齿圈的某一特定部分由于与飞轮齿圈经常在此啮合而特别磨损。当磨损到一定程度时，甩轮没有有效啮合飞轮齿圈，起动机就开始全速工作而造成甩轮退出齿圈并紧贴齿圈转动的现象，这种情况下会出现甩轮齿与飞轮齿圈齿连续撞击的响声，类似电锯切割金属的声音，此时起动机不能起动发动机。如果故障较轻，反复踩离合器踏板，挂档、摘档会使飞轮齿圈轻微转动错开磨损区域而使起动机正常工作。严重时，只能更换齿圈。

2. 蓄电池亏电或蓄电池线接触不良

蓄电池亏电或蓄电池线接触不良时，起动机会转动一下发动机，然后发出"嗯"的声响后不再转动，甩轮被飞轮齿圈咬住不能退出，主电源触片继续供电，由于起动机没有转动，不能产生反电动势平衡进入转子线圈的电流，而转子线圈的电阻很小，这样会产生很大的电流进入转子线圈，使转子线圈在几秒之内过热而烧毁，甚至导致汽车失火。当出现这种现象时，要立刻拆下蓄电池负极线，防止全车线束失火而导致整车失火。为了防止这种现象，现在很多汽车有单独的起动机电源线大功率熔丝，可及时熔断保护汽车。因此，有时起动机没有反应时，应检查是否该熔丝熔断损坏。可临时用导线应急替代该熔丝，使起动机恢复工作，但是要及时更换，防止失火。

课后习题

一、填空题

1. 汽车电源系统包括_____、_____及_____。
2. 蓄电池主要由_____、_____、_____、_____。
3. 汽车起动系统由_____、_____、_____、_____等组成。

二、简答题

1. 蓄电池的检查分为哪几部分？

2. 简述起动机的分解检测过程。

项目八

照明系统的检查与维护

引言

在现在的中高档汽车中，现代照明理念演绎得越发淋漓尽致。不管是外部照明还是内部照明，都尽显时尚和个性化，在汽车的不同部分使用了情绪设置模式来控制"个人空间"的光线颜色和亮度，如驾驶人脚下空间或控制台的背光等。

学习目标

1. 掌握照明系统的组成。
2. 掌握照明系统的基本检查方法。

8.1 汽车照明系统的结构与工作原理

汽车照明系统是汽车安全行驶的必备系统之一。它主要包括外部照明系统和内部照明系统等。

视频8
灯光信号系统

1. 照明系统的组成

（1）外部照明系统

1）前照灯。前照灯用于夜间行车的道路照明。前照灯的功率一般为 40~60W，安装在汽车前端的两侧，有远光和近光两种光照方式，可通过变光开关进行远、近光切换。前照灯远光用于夜间公路上行车时的道路照明，近光在会车和城区街道行车时使用，以防止对面驾驶人眩目。前照灯有两灯制和四灯制两种配置，四灯制前照灯并排安装时，装于外侧的两个灯一般是远、近光双光束灯，装于内侧的则是一对远光单光束灯。

2）倒车灯。倒车灯装于汽车尾部两侧（两个倒车灯）或一侧（单个倒车灯），用作夜晚倒车时车后的场地照明。倒车灯由安装在变速器操纵机构中的倒车灯开关控制，在白天倒车时倒车灯也亮，这时的倒车灯起倒车信号的作用。汽车倒车灯如图 8-1 所示。

3）牌照灯。牌照灯装于汽车尾部牌照的上方或两侧，用以照亮车牌号码。牌照灯采用白色光的小型灯泡，功率为 5~10W，可确保相距 20m 内的人能看清牌照上的文字和数字。

图 8-1 汽车倒车灯

4)雾灯。前雾灯装在前照灯附近或比前照灯稍低的位置,灯泡为单灯丝,光色为黄色或琥珀色,功率为 35~45W,用于雾天、下雪天、暴雨或尘埃弥漫时行车的道路照明。一些汽车在汽车的尾部装有后雾灯,灯泡的功率为 8~21W。后雾灯的灯光颜色为黄色或红色,其作用是警示尾随车辆保持安全间距,因而属于信号灯具。图 8-2 所示为雾灯。

图 8-2 雾灯

(2)内部照明系统

1)仪表灯。仪表灯(图 8-3)装在汽车仪表板处,用于夜间行车时照亮汽车仪表面板,使驾驶人能看清各个仪表的指示情况。仪表灯的光色一般为白色或蓝色,也有橙色。仪表灯的灯泡功率一般为 2~8W,与牌照灯、示廓灯并联,由一个灯开关控制。有些汽车仪表灯还装有亮度调节器,需要时,驾驶人可以用调节旋钮调节

图 8-3 仪表灯

仪表灯的亮度。

2）顶灯。顶灯装在驾驶室或车厢的顶部，用于驾驶室或车厢的照明，以便驾驶人夜间操作和乘员夜间在车内的活动。一些汽车顶灯还兼作门灯，当车门打开时，顶灯亮起，起到了警示（车门未关）和照明的作用。顶灯灯光为白色，灯罩一般采用透明材料制成，灯泡功率为 5～15W，一些客车的顶灯采用荧光灯。图 8-4 所示为顶灯。

3）行李箱灯。行李箱灯装在汽车的行李箱内，当打开行李箱盖时，行李箱灯就会自动亮起，以照亮行李箱内的空间，便于夜间在行李箱存取物品。行李箱灯一般采用功率为 5W 的白炽灯。

4）踏步灯。踏步灯装在大中型客车车门的台阶处，在夜间打开车门时，踏步灯亮起，为上下车的乘员提供照明。

2. 前照灯的结构

如图 8-5 所示前照灯的光学组件有灯泡、反射镜和配光镜三部分。

图 8-4 顶灯

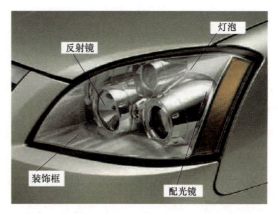

图 8-5 前照灯结构示意图

（1）灯泡

1）充气灯泡。充气灯泡用钨丝作灯丝，灯泡内充以氩和氮的混合惰性气体。

2）卤素灯泡。卤素灯泡（图 8-6）的灯丝为钨丝，但充入的气体中混有某种卤族元素（如碘、溴、氯、氟等）。

3）氙气灯泡。汽车用氙气灯产品由氙气灯泡、变压安定器和绝缘导线组成。其工作原理是接通电源后，通过变压器在瞬间将 12V 电源升至 2 万 V 以上的高压脉冲电压，激活

图 8-6 卤素灯泡

氙气灯泡中的氙气在电弧中产生 6000～10000K 温度的强劲光芒，颜色呈晶钻白中略带紫蓝。氙气灯泡如图 8-7 所示。

4）LED 灯泡。LED 车灯可广泛使用来营造车内环境，使用寿命为 5 万 h。LED 灯的结构坚固，不容易受振动影响，使用过程中光输出亮度也不会明显下降。LED 车灯适合于汽车电子的各种照明应用，包括前照灯、雾灯、尾灯、制动灯、转向信

号灯、白天行车灯、踏步灯、仪表灯、牌照灯、车门灯、车内照明灯、示宽灯、导航、娱乐系统、背光灯及指示灯等。LED 灯如图 8-8 所示。

图 8-7　氙气灯泡

图 8-8　LED 灯

（2）反射镜　反射镜（图 8-9）使灯泡的光线聚合并导向前方，可将前照灯的光亮度增强至几百倍甚至上千倍。

（3）配光镜　配光镜又称为散光玻璃，用透光玻璃压制而成，是很多块特殊的棱镜和透镜的组合。其作用是将反射镜反射出的平行光束进行折射，使车前路面和路线都有良好而均匀的照明。

图 8-9　反射镜

8.2　照明系统的检查与维护方法

灯光的基本操作是每个驾驶人必须掌握的，对维修人员来说，照明系统的检查第一步就是要熟悉灯光的操作。

1. 灯光组合开关的操作

灯光组合开关是控制照明灯和信号灯的装置，常见的是旋转式组合开关，大多数安装在转向盘左下方转向柱上，用左手进行操纵。

将开关手柄向前转动一档，示宽灯和牌照灯亮。将开关手柄向前转动到底，全部照明灯亮。将开关手柄向上拉，近光灯亮，向下推到底，远光灯亮。交替转换近光灯和远光灯时，可在近光灯亮的位置向上提开关则变为远光灯，放松开关则变为近光灯。将开关手柄向后转到底，全部照明灯灭。灯光组合开关操作说明如图 8-10 所示。

2. 转向灯开关的控制

转向灯开关是控制转向信号灯的装置。转向灯指示方向，转向开关控制杆拨动方向和转向盘转动方向一致。向斜下方拉开关手柄，左转向灯亮；向斜上方推开关手柄，右转向灯亮。在转向过程中，转向盘回转时，多数车辆手柄会自动复位。

向左转向、向左变更车道、准备超车、驶离停车地点或掉头时,应提前开启左转向灯;向右转向、向右变更车道、超车完毕驶回原车道、靠路边停车时,应提前开启右转向灯。转向灯开关的使用如图 8-11 所示。

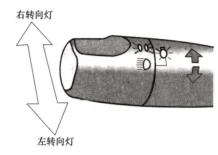

图 8-10　灯光组合开关操作说明　　　　图 8-11　转向灯开关的使用

3. 灯光检查手势说明（表 8-1）

表 8-1　灯光检查手势说明

序号	手势	说明（前部）	说明（后部）
1	准备,伸出双手,两手握成拳	做好准备	做好准备
2	竖起大拇指	开始进行检查	开始进行检查
3	大拇指指向驾驶人侧一方	驾驶人侧的转向灯检查	驾驶人侧的转向灯检查
4	大拇指指向前排乘员侧一方	前排乘员侧的转向灯检查	前排乘员侧的转向灯检查
5	竖起两手的大拇指和小指	小灯检查	小灯检查
6	竖起两手的大拇指,并朝下	雾灯检查	雾灯检查,同时确认牌照灯
7	两手摊开	前照灯近光检查	—
8	两手手掌摊开向前	前照灯远光检查	制动灯检查
9	两手手指捏合	前照灯超车灯检查	
10	双手的大拇指朝外	危险警告灯	危险警告灯
11	双手的大拇指朝内	—	倒车灯
12	检查完毕	检查完毕	检查完毕
13	伸出双手,两手握成拳	把灯关掉	把灯关掉

8.3　大众宝来轿车照明系统的检查

由于汽车前照灯的照明效果直接影响行车安全,世界各国交通管理部门多以法律形式规定了汽车前照灯的照明标准,以确保夜间行车的安全。

1. 检查所需工具、设备及条件

1）所需要的专用工具和维修设备：前照灯调整装置 VAS5046（图 8-12）和 VAS5047。

2）检查和调整条件：

① 轮胎充气压力正常。
② 不得损坏或弄脏配光镜。
③ 反光罩和灯泡正常。
④ 必须已加载汽车负荷。
⑤ 车辆和前照灯调整装置必须处于同一平面。
⑥ 车辆或前照灯调整装置必须已校正。
⑦ 必须设置倾斜尺寸。

在前照灯上部的饰板上刻有倾斜度的"百分数",必须根据这些说明调整前照灯。百分数是以 10m 投影距离为基准,如倾斜度为 1.0% 则对应的投影距离就是 10cm。

负荷:驾驶人座椅上有一个人或载重 75kg,汽车不载其他东西。

2. 检查前照灯

前照灯检查内容如下:

1) 在近光灯接通时,检查水平的明暗界线是否与检测面的分隔线 1(图 8-13)重合。

2) 检查明暗界线的左侧水平部分与右侧增高部分之间的转折点 2(图 8-13)是否在垂直线上,且穿过中心标记 3。光束明亮的核心部分必须在垂直线的右侧。

图 8-12 VAS5046

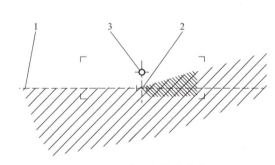

图 8-13 前照灯检查内容

检查时的注意事项:

1) 为较容易地测定转折点 2,反复遮挡、放出前照灯左侧(从行驶方向看)的光线。紧接着再次检查近光灯。

2) 根据规定调整了近光灯后,远光灯的光束中心必须在中心标记 3 上。

3) 用新的检查屏进行的调整同样适用于原来有 15° 调整线的检查屏。为避免出现错误调整,不允许再参照 15° 调整线。

3. 调整前照灯

左侧前照灯与右侧前照灯的调节螺栓对称分布,如图 8-14 所示。

4. 调整前雾灯

旋转图 8-15 箭头所示调节螺栓,以调整雾灯照明距离。

图 8-14 前照灯调节螺栓分布图

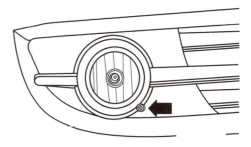
图 8-15 雾灯调节螺栓

8.4 自适应前照明系统的结构与工作原理

自适应前照明系统（Adaptive Front-lighting System，AFS）是一套能够根据行驶路况和车辆状态的变化自动对灯光的照明分配进行最优化调节的系统，能够提供最优的行驶安全性和驾驶舒适性。该系统提供具有不同特征的光束，能自动适应近光和远光（若使用）在不同使用条件下的需要，并符合 C 级基础近光、V 级近光适用城镇道路、E 级近光适用高速公路、W 级近光适用潮湿路面等所述的基本功能。

1. AFS 简介

AFS 是一项新的汽车照明系统，它改变了以往前照灯只有远光和近光两种照明功能的情况，在基本近光的基础上增加了 3 种不同的近光。图 8-16 所示为转弯时 AFS 工作示意图。

图 8-16 转弯时 AFS 工作示意图

道路法规逐步完善以引导驾驶人正确使用灯光，汽车厂商则通过技术手段来降低驾驶人在驾车时注意力被分散的频率。于是，AFS 应运而生。这套系统由光敏电阻和与其相连的电路组成。光敏电阻对会车时对向车辆的灯光进行探测，然后自动将远光切换为近光；当对向车辆灯光消失时，远光自动打开。这样在车辆行驶过程中,驾驶人不再需要人为干预车辆灯光,自动切换远近光也不会对会车车辆驾驶人的视野造成影响,道路驾驶比以前更为安全。

AFS 有 3 种形式:

1) 转向前照灯形式,即前照灯内灯具可以左右旋转 8°~15°,照亮弯道死角。

2) 利用独立弯道照明系统照明,即在灯具里有一个固定的灯泡照向弯道,转弯时自动亮。

3) 利用左、右雾灯进行弯道照明,转向时对应弯内侧雾灯亮起,照亮弯道死角。

2. AFS 工作原理

AFS 分为两大部分:前照灯光束高度自动控制系统和智能 AFS。

1) 前照灯光束高度自动控制系统。前照灯亮时,前照灯光束高度自动控制系统根据车辆的行驶状况,操纵前照灯光束高度调节电动机。AFS ECU 根据高度控制传感器和各 ECU 的信号计算车辆状态的变化,然后 ECU 根据该信息控制前照灯光束高度调节电动机,以改变前照灯反射器角度。前照灯光束高度自动控制系统部件及功能见表 8-2。

表 8-2 前照灯光束高度自动控制系统部件及功能

部件		功　能
AFS ECU		1) 根据高度控制传感器和 ECU 的信号计算车辆状态的变化 2) 根据检测到的数值,向前光束高度调节电动机输出控制信号 3) 提供初始设定控制功能、失效保护功能和诊断功能
前照灯光束高度调节电动机		步进电动机根据来自 AFS ECU 的信号移动前照灯内的反射器,以改变近光
高度传感器		检测车辆高度
AFS OFF 开关		按下该开关会禁用智能 AFS 操作
防滑控制 ECU		发送转速传感器信号至 AFS ECU
发动机控制模块(ECM)		发送发动机转速信号至 AFS ECU(判断车辆是否起动)
组合仪表	AFS OFF 指示灯	系统有故障时,仪表根据来自 AFS ECU 的信号使 AFS OFF 指示灯闪烁
初始化设定控制		发动机起动时,AFS ECU 驱动前照灯光束高度调节电动机,将前照灯反射器移至下限位置,然后使其返回到正常位置。从而,AFS ECU 计算出前照灯的基准位置

2) 智能 AFS。智能 AFS 通过移动近光,在转向过程中保持大范围的近光照明及良好的视野。智能 AFS 采用中高速控制和低速控制。在中高速控制过程中,系统根据转向角和转速计算目标光照角,并分别改变各近光灯的放置角;在低速控制过程中,系统根据转向角计算目标光照角,并改变入弯侧近光灯的旋转角。

智能 AFS 部件及功能见表 8-3。

满足以下所有条件时,AFS ECU 执行低速控制:

① 发动机正在运转。

② 车辆以 10km/h 或更高的车速向前行驶。

③ 转向角为 6° 或更大。

④ 近光灯亮。

表 8-3　智能 AFS 部件及功能

部件	功能
AFS ECU	接收各种信号,计算目标光照角,并驱动前照灯旋转电动机
前照灯旋转电动机	1)电动机由 AFS ECU 控制,会将左侧或右侧近光移至 AFS ECU 计算出的角度 2)前照灯旋转电动机采用步进电动机,AFS ECU 根据步进电动机的步数(位置)确定近光光束角度
转向角传感器	检测转向角和方向,并将该信号输出至 AFS ECU
AFS OFF 开关	按下该开关会禁用智能 AFS 操作
防滑控制 ECU	发送转速传感器信号至 AFS ECU
发动机控制模块(ECM)	1)发送发动机转速信号至 AFS ECU(判断车辆是否起动) 2)发送变速杆位置信号至 AFS ECU,AFS ECU 根据该信号判断车辆是在前进还是倒退
主车身 ECU	发送前照灯信号(前照灯是否开启)
组合仪表 AFS OFF 指示灯	系统有故障时,仪表根据来自 AFS ECU 的信号使 AFS OFF 指示灯闪烁

⑤ AFS OFF 开关关闭。

低速时前照灯的旋转范围见表 8-4。

表 8-4　低速时前照灯的旋转范围

行驶状态	灯光 近光	
	左侧	右侧
右转	固定在 0°	右转 0°~15°
左转	左转 0°~15°	固定在 0°

满足以下所有条件时,AFS ECU 执行中速控制:

① 发动机正在运转。

② 车辆以 30km/h 或更高车速前进。

③ 转向角为 7.5°或更大。

④ 近光灯亮。

⑤ AFS OFF 开关关闭。

中速时前照灯的旋转范围见表 8-5。

表 8-5　中速时前照灯的旋转范围

行驶状态	灯光 近光	
	左侧	右侧
右转	右转 0°~5°	右转 0°~10°
左转	左转 0°~15°	左转 0°~7.5°

8.5　大众 CC 轿车静态随动转向灯和辅助行车灯检查

1. 检查静态随动转向灯

(1) 检查条件　汽车静止,转向系统处于正前直线行驶位置。

提示:

1) 对于配备静态随动转向灯的汽车,可以根据转向信号灯(图 8-17)和近光灯模块之间带附加反光罩的静态随动转向灯(图中箭头)来识别。

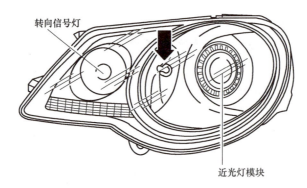

图 8-17 汽车处于直线行驶位置

2)静态随动转向灯只能与近光灯一起运行。

（2）检查步骤

1)打开点火开关和近光灯。

2)将处于正前直线行驶位置的转向盘向右旋转1周，检查右侧前照灯中的静态随动转向灯灯泡是否亮起。

3)将处于正前直线行驶位置的转向盘向左旋转1周，检查左侧前照灯中的静态随动转向灯灯泡是否亮起。

4)转向盘处于正前直线行驶位置时，转弯灯应熄灭。

2. 检查辅助行车灯

在白天或明亮的环境下检查：

1)打开点火开关。

2)将灯光旋钮（图8-18）旋转到近光灯位置。

在明亮的环境下前照灯不允许亮。

在夜间或较暗的环境下检查：

1)打开点火开关

2)车灯开关位于辅助行车灯上

雨量和光照识别传感器 G397 位于风窗玻璃的上部和中部区域（图8-19中箭头所示）。

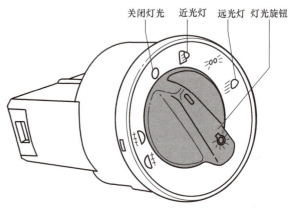

图 8-18 车灯开关

用手或合适的物体从风窗玻璃的外部盖住车内后视镜的固定区域，从而测出亮度的降低度并打开两个前照灯。

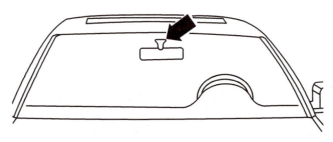

图 8-19 雨量和光照识别传感器安装位置

8.6 小知识——汽车灯光技术的发展

1. 燃料照明时代（煤油灯、乙炔灯）

早在乙炔灯之前，有人便在漆黑的道路上用煤油灯（图 8-20）为汽车引路，将克鲁平反光镜安置在煤油灯后面，使煤油灯成为世界上第一个聚光前照灯，这便是前照灯的雏形，但煤油灯的发光效率不高，很快被乙炔灯替代。

图 8-20　煤油灯

在燃料照明时代，乙炔灯（图 8-21）逐渐被一些汽车品牌所青睐。1879 年已经发明了白炽灯，为何乙炔灯会捷足先登应用在汽车上呢？这是因为，当时的真空白炽灯泡的灯丝是由碳丝做成的，过于脆弱，禁不起路上的颠簸，所以无法应用在车灯上。而乙炔灯因有较高的亮度成为当时车灯的首选。

2. 白炽灯时代（白炽灯、卤素灯）

随着电灯的发展，耐用度的提升，乙炔灯逐渐退出了车灯历史的舞台。在电灯逐步用作汽车前照灯的时代初期，电灯多应用在电动汽车上而不是汽油车。当时所谓的电动汽车还是多以铅酸蓄电池为动力源，因此驱动效率很低。但相比于汽油车的噪声与污染，电动汽车在 19 世纪～20 世纪间受到了青睐，销量十分优秀。

随着纽约康宁玻璃公司首先在电灯上加入灯光聚焦装置，在增加了前照灯照明范围的情况下又消除了造成驾驶人眩目的缺陷。这个突破性的创新让电灯逐步在汽油车上推广起来。

图 8-21　乙炔灯

1913年,螺旋钨丝白炽灯被发明并替代了原来碳丝的白炽灯,其照射强度提升了50%。在车灯技术更新的同时,汽车的起动方式发生了改变。当时的汽车使用手摇柄起动,因此没有在车上安置蓄电池,但随着电起动机的加入,蓄电池不得不内置于汽车中,随着电起动的车辆越来越普及,蓄电池逐步配备在汽车上,白炽灯便顺理成章地成为主流车灯。

3. 近、远光车灯的起源

在1915年第一个考虑到迎面车辆驾驶人眩目而配备近、远光调节车灯的公司是Guide Lamp。这个车灯系统只能调节车灯照射的高低,仅仅是为了避免给迎面车辆带来麻烦,而且驾驶人想要调节车灯高低也只能下车操作,使用并不方便。

1917年,凯迪拉克汽车公司对TYPE53的近、远光灯系统进行了改进,使驾驶人能够在车内调节车灯的照射高度,如图8-22所示。

欧司朗公司在1924年第一个使用了双灯丝的灯组造型(图8-23),一个灯丝负责近光照明,另一个灯丝负责远光照明,两个灯丝以输出功率不同来投射近、远光,由于并不能更改照射角度,欧司朗利用近光灯丝前的遮光罩来阻挡过高的眩目光线,使得近光灯的边缘能够呈现出明显的折线,防止迎面车辆驾驶人产生眩目,而调光的开关被安置在脚下,具体操作方法和现在车内的按钮很相似。

图8-22 可调节车灯高度的
凯迪拉克汽车

图8-23 1924年欧司朗公司使用的
双灯丝灯组造型

卤素灯于20世纪50年代被发明。使用过钨丝灯的人都知道,长时间使用钨丝灯会使车灯发黑,这样使本来发光效率就小的钨丝灯更加难以满足照明需求。在需求的驱使下,人们发明了卤素灯。到此,白炽灯时代总共走过了100多年的历史。

4. 氙气灯时代

氙气灯(HID)最早应用在1995年出厂的新款奔驰E级轿车上。它由小型石英灯泡、变压器和电子控制器组成。接通电源后,通过变压器,在几微秒内升到2万V以上的高压脉冲电加在石英灯泡内的金属电极之间,激励灯泡内的物质(氙气、少量的水银蒸气及金属卤化物)在电弧中电离产生亮光。图8-24所示为氙气灯灯泡。氙气灯灯泡的玻璃用坚硬的耐温压石英玻璃制成,灯内充入高压氙气以缩短灯被点亮的时间,灯光颜色由灯泡内的物质决定。

图 8-24 氙气灯泡

氙气灯一开始主要用于高档车型。相比卤素车灯，氙气车灯虽然造价更高但优点也更加明显，它的亮度更高，照射时间长，稳定性好，并且耗电少。随着发展，氙气灯已不再是高端汽车的专属了，制作成本的降低让更多的用户选择改装氙气车灯，也让氙气车灯成为现在除卤素车灯外的主流车灯。图 8-25 所示为氙灯上用的透镜，它是氙气灯工作的一个重要部件。

5. LED 时代

当氙气灯获得更多青睐的同时，另外一种光源也在发展，它就是 LED。但 LED 的价格更高，而且单个 LED 的光照亮度显然不能与

图 8-25 透镜

氙气灯相比，想要达到氙气灯的亮度就需要一个 LED 灯组来实现。而且 LED 由于体积更小，散热性并不好，在维修方面不够方便。这些相对而言的缺点使 LED 车灯很难被普及。

但这都无法阻止汽车厂商对它的青睐。首先，LED 车灯属于冷光源，耗电量要比氙气车灯更低；其次，LED 车灯不存在灯丝发光易烧、热沉积、光衰等缺点，在恰当的电流和电压下，LED 车灯的使用时间要比氙气车灯更长。此外，LED 车灯还有耐高温、体积小、稳定性好、反应速度快等特点。

其实 LED 比氙气灯更早被汽车厂商使用，虽然只是使用在阅读灯、仪表灯等不被人注意的位置。早在 2008 年雷克萨斯 LS 车型（图 8-26）就第一次使用了 LED 灯组作为车辆的前照灯，从此拉开了 LED 作为前照灯灯源的序幕。之后各个厂商都开始对 LED 进行跟进使用，其中使用最为广泛的就是 LED 示廓灯。

新一代奔驰 S 级车型的发布，更让 LED 风光无限，该车型并没有使用传统的氙气灯，而是使用了 LED 灯来代替，如图 8-27 所示。不光如此，这一代的 S 级车型更是在全车使

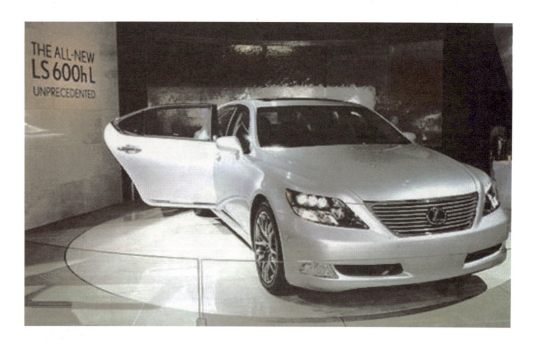

图 8-26　雷克萨斯 LED 车灯

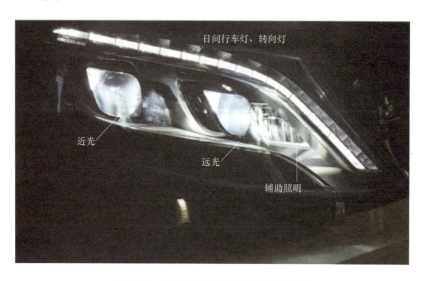

图 8-27　奔驰 S 级车型的 LED 前照灯

用了超过 2000 个 LED 灯珠,让灯泡从奔驰 S 级轿车的车身上退下了历史舞台。

6. 激光时代

激光灯与普通光源的最大不同是它能产生几乎平行的光束,如图 8-28 所示。同一激光器所产生的光波具有恒定且相同的波长,并且在理想状态下激光可以产生强度大于传统 LED 光源 1000 倍的光线;而产生同样的照明效果,激光所需要的能源以及所占用的体积可大大缩减,提升了照明效率。

激光的平行光特性让汽车前照灯可以实现完全的可控,现有的矩阵式 LED 只可以控制单个 LED 芯片的开启或关闭以实现智能前照灯的单独照明效果,但激光技术

图 8-28 激光灯的平行的光束

可以让汽车前照灯对任何事物都能做出单独的照明效果。例如夜间行驶中碰到的路面障碍物、过马路的行人以及路边的交通指示牌等，都可以用单独的光束进行照明提示，既让驾驶人看清路况，也让行人意识到危险，这样的技术革新对汽车安全的影响将是革命性的。

课后习题

一、填空题

1. 汽车前照灯一般由_____、_____、_____3部分组成。
2. 汽车灯光系统按照用途分为_____和_____两大类。
3. 氙气灯由_____、_____和_____3部分组成。
4. 汽车转向灯兼有_____功能和_____功能。

二、判断题

1. 卤素灯是在惰性气体中渗入卤族元素，使其防眩目。（ ）
2. 汽车会车时应采用远光灯，无对面来车时采用近光灯。（ ）
3. 前照灯应使驾驶人能看清车前100m或更远距离路面上的任何障碍物。（ ）
4. 在调整光束位置时，对具有双丝灯的前照灯，应以调整近光光束为主。（ ）
5. 汽车上除照明灯外，还有用以指示其他车辆或行人的灯光信号标志，这些灯称为信号灯。（ ）
6. 牌照灯属于信号及标志用的灯具。（ ）

三、简答题

简述灯光检测仪的使用方法。

项目九

点火系统的检查与维护

引言

在汽油发动机中，气缸内由燃料和空气组成的可燃混合气，在压缩行程终了时需要用电火花点燃，以燃烧产生强大的压力，推动活塞向下运动而做功。

为了在气缸中产生电火花，汽油发动机（简称汽油机）装设了一套能够按规定时刻在火花塞电极间产生电火花的装置，称为发动机点火系统。

学习目标

1. 了解汽车点火系统的分类、功用、组成以及工作原理。
2. 掌握点火系统各部件的拆装方法。
3. 掌握火花塞的检查与更换方法。

9.1 点火系统的结构与工作原理

1. 点火系统的分类

按照点火方式的不同，目前点火系统可以分为传统点火系统、电子点火系统和微机控制点火系统。

（1）传统点火系统 也称蓄电池点火系统，如图9-1所示，它以蓄电池或发电机为电源，利用断电器的触点产生点火信号，控制点火线圈一次电路的通、断，使点火系统工作。

（2）电子点火系统 也称半导体点火系统，如图9-2所示，它以蓄电池或发电机为电源，利用晶体管的开关作用控制点火线圈一次电路的通、断，使点火系统工作。按照产生点火信号方式的不同，可以分为有触点电子点火系统、无触点电子点火系统、集成电路电子点火系统。

（3）微机控制点火系统 它由各种传感器提供各种信号，经微机进行精确计算，确定点火时刻，发出点火信号，通过点火控制电路控制点火线圈一次电路的通、断，使点火系统工作。

现在常见的微机控制点火系统有有分电器的微机控制点火系统和无分电器电子控制点火系统（DLI点火系统）两种。

2. 微机控制点火系统

微机控制点火系统（图9-3）的工作过程分为3个阶段：①一次电路导通，产生

视频9
铱金火花塞与普通火花塞的点火测试对比

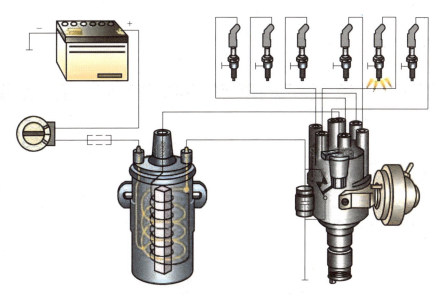

图 9-1　传统点火系统

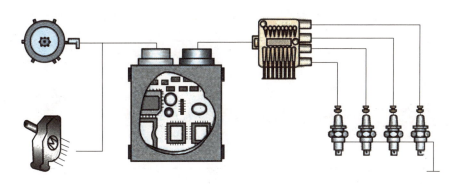

图 9-2　电子点火系统

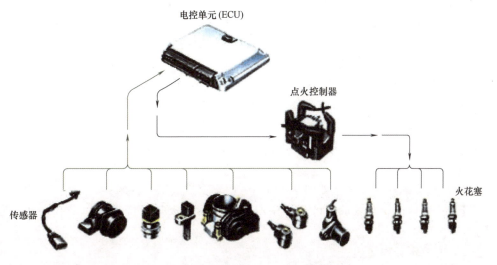

图 9-3　微机控制点火系统简图

一次电流;②一次电路截止,二次电路产生高压电;③火花塞跳火,点燃混合气。微机点火系统与前面所讲点火系统的最大区别在于一次电路控制方式不同。

微机控制点火系的组成及功用见表9-1。

表9-1 微机控制点火系统的组成及功用

组 成		功 用
传感器	空气流量传感器(L型)	检测进气量(负荷)信号,输入ECU,作为点火系统的主控制信号
	进气歧管绝对压力传感器(D型)	
	曲轴位置传感器(Ne信号)	检测曲轴转角(转速)信号,输入ECU,作为点火系统的主控制信号
	凸轮轴位置传感器(G_1、G_2信号)	检测凸轮轴转角信号,输入ECU,作为点火系统的主控制信号
	节气门位置传感器	检测节气门开度信号,输入ECU,作为点火提前角的修正信号
	冷却液温度传感器	检测发动机冷却液温度信号,输入ECU,作为点火提前角的修正信号
	进气温度传感器	检测进气温度信号,输入ECU,作为点火提前角的修正信号
	爆燃传感器	检测发动机爆燃信号,输入ECU,作为点火提前角的修正信号
	起动开关	向ECU输入发动机正在起动中的信号,作为点火提前角的修正信号
	空档起动开关	检测自动变速器P、N位信号,输入ECU,作为点火提前角的修正信号
	空调开关	向ECU输入空调的工作信号,作为点火提前角的修正信号
	发电机负荷信号	检测发电机负荷信号,输入ECU,作为点火提前角的修正信号
执行器	点火控制器	根据ECU输出的点火控制信号控制点火线圈一次电路的通断,产生二次电压。同时,向ECU反馈点火确认信号
ECU		根据各传感器输入的信号,计算出最佳点火提前角,并将点火控制信号输送给点火控制器

9.2 点火系统的检查与维护方法

火花塞是汽车发动机点火系统中的一个主要元件,火花塞的作用是把点火线圈产生的高压电引入发动机气缸,在火花塞电极之间产生火花点燃混合气。目前常用的火花塞有电阻火花塞、铂金火花塞和铱金火花塞。

通常而言,电阻火花塞的使用寿命为2万km,铂金火花塞的使用寿命为4万km,而铱金火花塞的使用寿命则能达到6万~8万km。

1. 火花塞的检查与维修

(1) 火花塞的清洗 从发动机上拆下火花塞,用铜丝刷或专用清洁仪进行清洗,如图9-4所示。

(2) 检查火花塞外观 如图9-5所示,应着重检查以下方面:

1) 绝缘体是否有裂纹、破损,中心电极、侧电极是否烧损。如果有损耗,应更换。

2) 螺纹部分损坏超过2牙的,应更换。

(3) 火花塞电极间的检查与电极间隙的调整

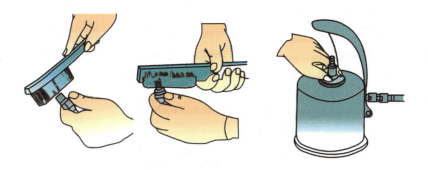

图 9-4 火花塞的清洗

1) 火花塞电极间的检查。首先用火花塞专用量规测量火花塞的电极间隙。其间隙一般为 0.6~0.8mm，采用电子点火的火花塞的电极间隙可达 1~1.2mm。如果不符合要求，应调整到标准值。

2) 火花塞电极间隙的调整。如图 9-6 所示，利用钢丝式专用火花塞塞尺，小心地弯曲侧电极来调整间隙。注意不可通过敲击电极来调整。

图 9-5 火花塞外观检查

图 9-6 火花塞电极间隙调整

（4）测量火花塞绝缘电阻 如图 9-7 所示，用电阻表测量火花塞电极间绝缘电阻的值，正常应为 10MΩ 以上。

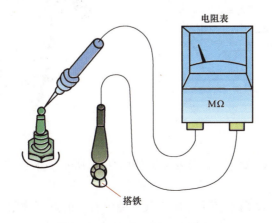

图 9-7 火花塞绝缘电阻的检查

2. 高压线的检查与维修

为了减少对外界的无线电干扰,现代汽车的高压线一般都有一定的阻尼电阻。如图9-8所示,应用万用表检查高压线的电阻,并与标准值进行比较。若符合要求,则说明高压线正常。若阻值不在正常范围之内,应更换高压线。

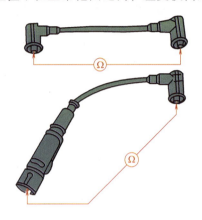

图9-8 点火系统高压线的检查

9.3 大众迈腾轿车更换火花塞作业

如图9-9所示,拆下软管1和2。

为了拔出火花塞,将起拔器T40039放在带功率输出级的点火线圈的厚边(图9-10中箭头位置)上。如果放在下面的唇边上,则可能会损坏点火线圈。

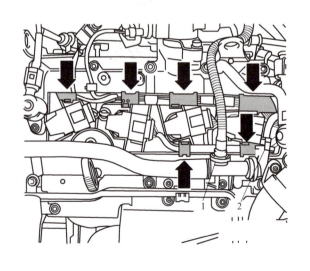

图9-9 拆下软管

图9-10 起拔器

带功率输出级的点火线圈的安装位置如图9-11所示。火花塞在带功率输出级的点火线圈下面。

用顶拔器沿图9-12所示箭头方向将气缸盖中所有的点火线圈拉出约30mm。

解开锁止装置,拔下插头(图9-13),取出点火线圈。

项目九 | 点火系统的检查与维护

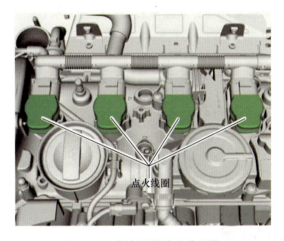

图9-11 点火线圈的安装位置

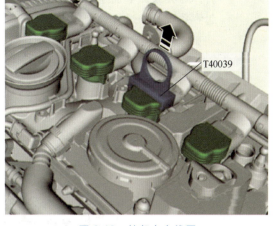

图9-12 拉起点火线圈

如图9-14所示,拆卸带功率输出级的点火线圈,用火花塞扳手3122B将火花塞旋出。

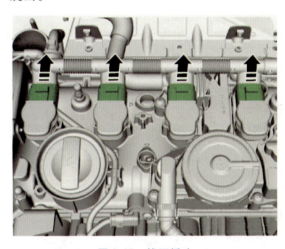

图9-13 拔下插头

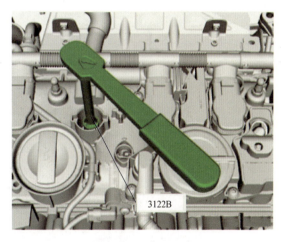

图9-14 拆下火花塞

用火花塞扳手3122B将新的火花塞旋入。其他的安装按与拆卸相反的顺序进行。

9.4 小知识——起停系统

在节能环保的大趋势下,各汽车厂商也不断地研发新的节能环保技术,以在竞争激烈的市场中获得立足之地。起停技术(Start-stop System)就是其中一种,以期最大限度地减少发动机怠速时燃油的损耗。起停技术现在被越来越多的车型使用。

1. 起停技术概述

汽车行驶在拥挤的城市交通道路中,总免不了停车等待交通指示灯,而发动机怠速消耗的能源是毫无意义的。起停技术就是致力于最大限度地减少发动机怠速时的燃油损耗,避免这部分能源的浪费。起停技术对节省能源与降低排放有着重要的意义。

起停系统工作原理:遇到红灯或堵车时,驾驶人踩制动踏板使车辆停下来后,控制系统会自动将发动机熄火,节省了怠速运转而浪费的燃油。当指示灯变为绿灯后，驾驶人踩下加速踏板，发动机则自动重新起动，继续前行。起停技术示意图及起停系统工作过程分别如图 9-15、图 9-16 所示。

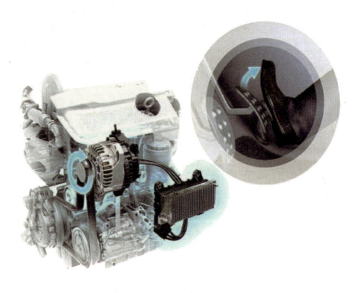

图 9-15　起停技术示意图

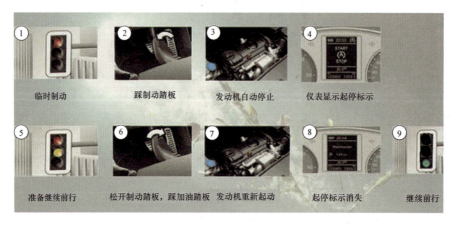

图 9-16　起停系统工作过程

如果是自动档车型，操作更为简单，驾驶人只需施加制动使车辆停止，发动机会自动熄火。在释放制动踏板后，驾驶人踩加速踏板，发动机将自动起动。这种节能的驾驶方式并没有改变人们日常的驾驶习惯，不会带给驾驶人任何使用上的麻烦，却带来了显著的节油减排效果。

2. 起停系统的 3 种形式

起停系统作为混合动力汽车的入门技术（微混合动力），由于成本低，节能减排效果显著，其应用前景广阔。目前，起停系统主要有以下 3 种形式：

（1）分离式起动机/发电机起停系统　分离式起动机/发电机起停系统如图 9-17 所示。这种系统的起动机和发电机是独立设计的，发动机起动所需的功率是由起动机提供的，而发电机则为起动机提供电能。

博世公司是这种起停系统（图 9-18）的主流供应商。这套系统包括增强型起动

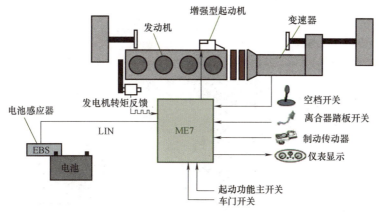

图 9-17 分离式起动机/发电机起停系统

机、增强型电池（一般采用 AGM 隔板材质的电池）、可控发电机、集成起动/停止协调程序的发动机 ECU，传感器等。

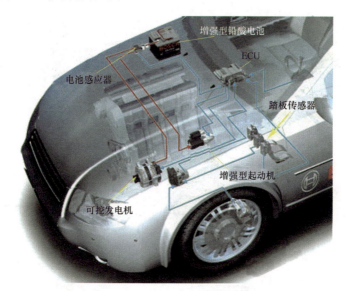

图 9-18 博世分离式起停系统

博世公司的起动电动机能快速、安静地自动恢复发动机运转，可降低起动时的油耗。这种起停系统系统零件少，安装方便，可应用于各种不同混合动力概念（传动带驱动、直齿驱动和电力轴驱动），而且系统的部件与传统部件尺寸保持一致，因此可直接配备在各种车辆上。

目前全球已量产装有博世起停系统的车型非常多，包括宝马 1 系、3 系、5 系、X3，大众帕萨特、高尔夫，奔驰 A、B、C、E 系列（部分），奥迪 A6、A8，雷诺梅甘娜，欧宝 Corsa、雅特等。

(2) **集成起动机/发电机起停系统** 集成起动机/发电机是一个通过永磁体内转子和单齿定子来激励的同步电机，能将驱动单元集成到混合动力传动系统中。

法雷奥研发的 i-Start 系统，首先应用于 PSA（标致-雪铁龙集团）的 e-HDi 车型上，如图 9-19 所示。i-Start 系统的电控装置集成在发电机内部，在遇红灯停车时发动机停转，只要一挂档或松开制动踏板，汽车会立即起动发动机，如图 9-20 所示。

图 9-19 集成起动机/发电机起停系统

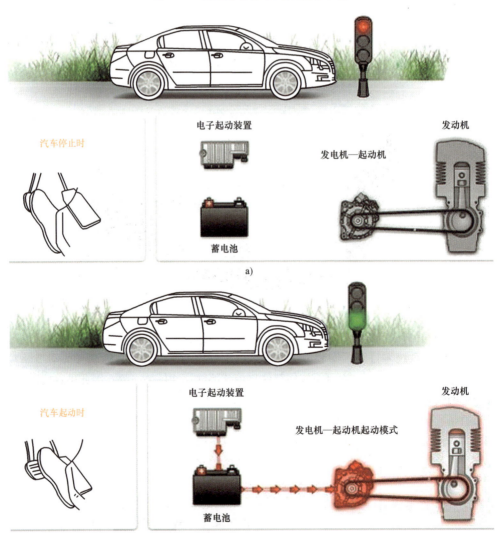

图 9-20 法雷奥起停系统示意图

（3）马自达 SISS 智能起停系统　上述两种起停系统是单纯依靠起动机来起动发动机的，而马自达的 SISS 智能起停系统（图 9-21）主要是通过在气缸内进行燃油直喷，燃油燃烧产生的膨胀力来重起发动机的，发动机上的传统起动机在发动机起动时起到辅助作用。发动机停转前，该系统使活塞停在合适的位置；再次起动时，通过燃烧和起动机的共同作用起动发动机。

根据官方数据，使用 SISS 技术，发动机在最短 0.35s 的时间内就能起动，比单纯使用起动机或电动机的系统要快一半。

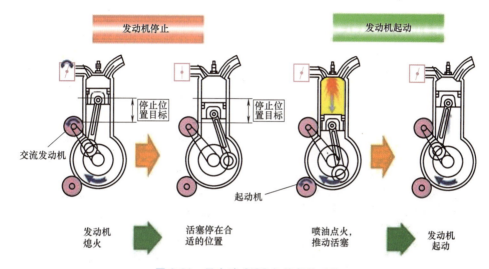

图 9-21　马自达 SISS 智能起停系统

该系统控制智能、效率高，无需起动机就能实现起停的功能，已用于在日本市场销售的马自达 2、马自达 3 和马自达 6 的部分车型上。

起停技术可以使车辆暂时停车时自动停止发动机工作，从而减少燃油消耗，降低排放，尤其是在交通拥挤的大城市运用这种技术对节能减排有着不错的效果。在欧洲，由于燃油价格较高以及排放法规相当严格，起停技术已得到广泛应用。目前我国的起停技术市场尚未成熟，不过在油价较高和节能环保的环境下，已有越来越多的汽车应用此技术。

课后习题

一、判断题

1. 火花塞间隙越大，所需的击穿电压越高。　　　　　　　　　　　　（　　）
2. 发动机的最佳点火时间是活塞到达压缩行程上止点时。　　　　　　（　　）
3. 发动机起动时，按 ECU 内存储的初始点火提前角对点火提前角进行控制。
　　　　　　　　　　　　　　　　　　　　　　　　　　　　　　　（　　）
4. 不同发动机的最佳点火提前角不同，但同一台发动机的点火提前角却是恒定的。
　　　　　　　　　　　　　　　　　　　　　　　　　　　　　　　（　　）
5. 发动机的转速越高，点火提前角应越大；发动机的负荷越小，点火提前角应越小。　　　　　　　　　　　　　　　　　　　　　　　　　　　　　（　　）
6. 要使发动机输出最大功率，就应在活塞到达上止点时点燃混合气。（　　）

7. 点火过早会使发动机过热。 (　　)

二、选择题

1. 当发动机转速一定而负荷增大时,点火提前角应适当(　　)。
   A. 减少　　　　　　　　B. 增大
   C. 不变　　　　　　　　D. 先增大后减少

2. 微机控制点火系统火花塞间隙应为(　　)。
   A. 0.8~1.0mm　　　　　B. 1.9~1.2mm
   C. 1.2~1.4mm　　　　　D. 1.4~1.6mm

3. 作用于火花塞两电极间的电压一般为(　　)。
   A. 220V　　　　　　　　B. 380V
   C. 1000~1800V　　　　D. 10000~15000V

项目十

汽车的定期维护

引言

任何机械设备都要认真维护。众所周知,"养"重于"修",维护得当,不仅使安全有了保障,同时还可以有效延长车辆的使用周期和使用寿命,降低成本支出,起到事半功倍的作用。

学习目标

1. 掌握汽车定期维护主要包含的项目和相关材料。
2. 了解汽车厂商制订的汽车维护一般项目。

10.1 常用汽车定期维护材料

定期维护是针对日常维护而言的。日常(例行)维护很重要,因为汽车同人一样,每天都需要消耗燃料来产生动力,同时也产生垃圾和零部件的损耗,所以需要日常维护来检查汽车的油、水、电、轮胎气压和外观等。定期维护要根据购车时的保养手册认真执行,更换需要更换的部件。

常用的汽车定期维护材料包括以下 10 个方面。

1. 机油

机油是发动机运转的润滑油,能对发动机起到润滑、清洁、冷却、密封、减磨等作用。对于降低发动机零件的磨损、延长使用寿命有着重要的意义。

机油由基础油和添加剂构成,随着车辆的行驶,机油中的成分会发生变质和失效。图10-1所示为嘉实多磁护机油。

机油的分类见表10-1。

机油的黏度多使用 SAE 等级别标识,SAE 是美国汽车工程师协会的英文缩写。例如 SAE0W-30(图10-2),其中的"W"表示"winter"(冬季),其前面的数值越小说明机油的低温流动性越好,代表可供使用的环境温度越低,在冷起动时对发动机的保护能力越好;"W"后面的数字则是机油耐高温性的指标,数值越大说明机油在高温下的保护性能越好。

2. 机油滤清器(滤芯)

机油滤清器是过滤机油的部件。整体更换式机油滤清器如图10-3所示。因为机

图 10-1 嘉实多磁护机油

表 10-1 机油的分类

分类方式	型 号	
美国 SAE 黏度分类法	冬季：SAE0W、SAE5W、SAE10W、SAE15W、SAE20W 和 SAE25W	
	非冬季：SAE20、SAE30、SAE40 和 SAE50	
	多黏度等级：SAE5W-20、SAE10W-30、SAE20W-40	
美国 API 使用分类法	S 系列（汽油机油）：SA、SB、SC、SD、SE、SF、SG、SH	
	C 系列（柴油机油）：CA、CB、CC、CD、CE	
我国参照采用的 ISO 分类法	汽油机油：SC、SD、SE、SF、SG、SH	
	柴油机油：CC、CD、CE-II、CE、CF-4	
	二冲程汽油机油：ERA、ERB、ERC 和 ERD	

油中含有一定量的胶质、杂质、水分和添加剂，若机油不经过滤，直接进入油路循环，将会对发动机的性能和使用寿命产生不利的影响，滤芯也会随着使用时间的增加，过滤性能下降乃至失效。

图 10-2 机油标识说明

图 10-3　整体更换式机油滤清器

3. 空气滤芯

发动机在工作过程中要吸入大量的空气，如果空气不经过滤，其中的灰尘会加速活塞组及气缸的磨损。较大的颗粒进入活塞与气缸之间，还会造成严重的"拉缸"现象。空气滤芯（图 10-4）的作用就是滤除空气中的灰尘、颗粒，保证气缸中进入足量、清洁的空气。

图 10-4　空气滤芯

4. 燃油滤芯

油滤芯（图 10-5）的作用是为发动机提供清洁的燃油，滤除燃油中的水分及杂质，从而使发动机性能达到最优，同时也为发动机提供了最佳保护。

5. 空调滤芯

汽车在行驶时打开空调，会将外部空气吸入车厢内，但空气中含有许多不同的杂质，如灰尘、花粉、煤烟、颗粒、臭氧、异味、氮氧化物、二氧化硫、二氧化碳、苯等，如果不经过滤，一旦这些物质进入车厢内，不仅会使汽车空调受污染，冷却系统性能降低，人体吸入后也会导致过敏反应，肺部受损，而臭氧刺激可使心情烦躁，另外，加上异味的影响，均可影响行车安

图 10-5　汽油滤芯

全。高质量的空气滤清器能吸收粉尘、颗粒，减少对过敏者的刺激，使行车更加舒适，空调冷却系统也受到了保护。空调滤清器的滤芯种类不同，一种无活性炭，另一种有活性炭，现在还有可以过滤 PM2.5 的空调滤芯。空调滤芯一般是 12000km 更换一次。图 10-6 所示为更换前、后的空调滤芯。

图 10-6　更换前、后的空调滤芯

6. 制动摩擦片

在汽车制动系统中，制动摩擦片是关键的安全零件，制动摩擦片对制动效果起决定性作用，好的制动摩擦片是人与汽车安全的保障之一。

制动摩擦片一般由钢板、粘接隔热层和摩擦块构成，钢板要经过涂装来防锈，涂装过程中用 SMT-4 炉温跟踪仪来检测温度分布以保证质量。其中，隔热层是由不传热的材料组成的，其目的是隔热。摩擦块由摩擦材料、黏合剂组成，制动时被挤压在制动盘或制动鼓上产生摩擦，从而达到车辆减速制动的目的。由于摩擦作用，摩擦块会逐渐被磨损。

制动摩擦片主要分为石棉制动摩擦片（基本淘汰）、半金属制动摩擦片、少金属制动摩擦片、NAO 配方制动摩擦片、陶瓷制动摩擦片、NAO 陶瓷制动摩擦片。图 10-7 所示为制动摩擦片实物。

图 10-7　制动摩擦片实物

7. 自动变速器油（ATF）

ATF 的要求极其严格，不仅要求油液有润滑、清洗、冷却的作用，更重要的是传递转矩和液压以控制离合器、制动器的工作性能，因此 ATF 的油质直接影响变速器的性能。ATF 循环示意图如图 10-8 所示。ATF 的工作温度为 90～120℃，若温度高于正常工作温度10℃，则油质的氧化（老化变质）速度将提高30%。尤其在夏季高温情况下，外界温度较高，自然散热差，如果变速器散热系统有轻微堵塞或油质老化现象，势必会影响变速器的使用寿命。

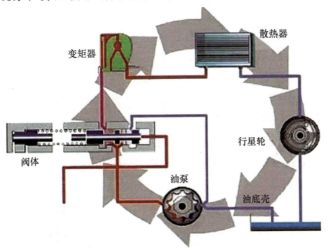

图10-8　ATF循环示意图

一般来说自动变速器的保养周期为40000~60000km（或2年），但在用车环境较差、风沙天气多、道路拥堵、空气质量差等环境下用车时，建议应更加注重定期检查和及时更换油液。

8. 动力转向液

图10-9所示为加注在动力转向系统里面的动力转向液，可起到传递转向力和缓冲的作用。动力转向液具有润滑、抗腐蚀的作用，能有效防止转向系统的磨损，且能减小噪声，最大限度地延长转向系统使用寿命。

9. 制动液

制动液用于车辆液压制动系统，作为传递能量、制止车轮转动的液压工作介质。

市场上的DOT制动液分为4种，即DOT3、DOT4、DOT5、DOT5.1。其中，DOT3、DOT4是以乙二醇为主要成分的制动液，DOT4级酯型制动液在DOT3醇醚型的基础上添加大量的硼酸酯，沸点比DOT3高。硼酸酯具有较强的抗湿能力，它能分解所吸收的水分，从而减缓了由于吸水而导致的沸点下降。DOT5以硅为主要成分，不同于DOT3、DOT4的制动液会吸收空气中的水分，从而降低制动效果，DOT5几乎完全不吸水。表10-2为制动液规格及性能。图10-10所示为汽车合成制动液。

图10-9　动力转向液

表10-2　制动液规格及性能

序号	制动液种类	干沸点	湿沸点
1	DOT3	205℃（401℉）	140℃（284℉）
2	DOT4	230℃（446℉）	155℃（311℉）
3	DOT5	260℃（500℉）	180℃（356℉）
4	DOT5.1	270℃（518℉）	190℃（374℉）

10. 火花塞

火花塞是汽油机点火系统中将高压电流引入气缸产生电火花,以点燃可燃混合气的部件。它主要由接线螺母、绝缘体、接线螺杆、中心电极、侧电极以及外壳组成,侧电极焊接在外壳上。

随着汽车工业的发展,火花塞的性能也在不断改进,从而提高汽油机的工作质量。例如为改善排气净化效果,采用宽间隙火花塞(间隙为 1.0~1.2mm);为限制汽车电波的噪声,研制了防干扰火花塞等。过去,火花塞的使用寿命很短,汽车厂家规定,汽车在行驶 3000km(或 6 个月)后必须检查或更换火花塞。随着火花塞和有关点火装置的改进,再加上排气净化的一些措施,使火花塞的使用寿命大幅度提高。一般规定汽车在行驶 10000km 之后(或每 1 年),必须检查或更换火花塞。白金电极的火花塞使用寿命更长,一般在汽车行驶 100000km 之内无须检查更换。图 10-11 所示为火花塞的结构。

图 10-10 汽车合成制动液

图 10-11 火花塞的结构

1—接线螺母 2—高氧化铝陶瓷绝缘体 3—商标 4—钢质壳体(六角形) 5—内垫圈(密封导热) 6—密封垫圈 7—中心电极导电杆 8—火花塞裙部螺纹 9—电极间隙 10—中心电极和侧电极 11—型号 12—去干扰电阻

10.2 大众 CC 轿车的定期维护

1. 计算维护周期

对于采用取决于行驶时间或行驶里程维护的大众汽车,其维护周期是固定的,即由大众汽车公司规定行驶里程和行驶时间。在一般运行条件下,从技术角度确保达到该维护周期。

2. 换油维护作业(表 10-3)

1)如果在维护时发现故障,必须排除故障并告知客户。

2）询问客户是否需要新的刮水片，添加 G052164 型风窗玻璃清洗液（清洁剂和防冻剂）。

3）检查急救箱内药品是否已过有效期。

4）拆卸和安装发动机舱下部盖板（隔声垫）。

维修各部位的操作顺序已经过检验和优化，因此为避免不必要的作业中断，必须遵守该顺序。

视频10
上门保养

表 10-3　换油维护作业

序号	作业范围
1	排出或吸出发动机机油,更换机油滤清器
2	检查前、后制动器摩擦片的厚度
3	添加发动机机油,注意机油规格
4	保养周期指示器复位
5	将下次保养项目填写在保养贴签上,并贴在驾驶人侧的车门立柱(B柱)上

3. 5000km 时进行的首次换油维护作业（见表 10-4）

1）询问客户是否需要新的刮水片，添加 G052164 型风窗玻璃清洗液（清洁剂和防冻剂）。

2）拆卸和安装发动机舱下部盖板（隔声垫）。

维修各部位的操作顺序已经过检验和优化，因此为避免不必要的作业中断，必须遵守该顺序。

表 10-4　5000km 时进行的首次换油维护作业

序号	作业范围
1	查询自诊断系统故障存储器
2	目测检查发动机及舱内的其他部件是否有泄漏或损坏(从上面)
3	检查蓄电池固定情况,电眼颜色(免维护蓄电池无电眼,检查蓄电池电压)
4	检查制动液液位,必要时添加
5	检查风窗玻璃清洗液液面高度,必要时添加清洗液
6	检查冷却液液面高度及浓度(防冻能力),必要时添加冷却液或调整浓度
7	更换发动机机油及机油滤清器
8	检查前、后制动器摩擦片的厚度
9	检查所有轮胎(包括备胎)的花纹深度、磨损形态,清除轮胎上的异物
10	目测检查车身底部防护层和底饰板是否破损
11	目测检查制动系统是否有泄漏和损坏
12	目测检查变速器、主减速器及等速万向节防护套有无泄漏或损坏(从下面)
13	检查转向横拉杆球头的间隙、紧固程度及防尘套状况
14	检查喷油器状态,必要时采取相应维修措施
15	进行轮胎换位,按要求检查轮胎气压,必要时校正,检查车轮螺栓拧紧力矩
16	润滑车门止动器和车门铰链
17	加注燃油添加剂 G17(备件号:G00170003)
18	保养周期指示器复位
19	试车:检查制动器(含驻车制动)、变速器、离合器、转向及空调等的功能,查询故障存储器,终止检查

4. 1 年及之后每 10000km 或每年的定期维护作业（表 10-5）

1）如果在维护时发现故障，必须排除故障并告知客户。

2）询问客户是否需要新的刮水片。添加 G052164 型风窗玻璃清洗液（清洁剂和防冻剂）。

3）检查急救箱内药品是否已过有效期。

4）拆卸和安装发动机舱下部盖板（隔声垫）。

维修各部位的操作顺序已经过检验和优化，因此为避免不必要的作业中断，必须遵守该顺序。

表 10-5　1 年及之后每 10000km 或每年的定期维护作业

序号	作业范围
1	查询自诊断系统故障存储器
2	目测检查发动机及舱内的其他部件是否有泄漏或损坏（从上面）
3	检查蓄电池固定情况,电眼颜色（免维护蓄电池无电眼,检查蓄电池电压）
4	检查制动液液位,必要时添加
5	检查风窗玻璃清洗液液面高度,必要时添加清洗液
6	检查冷却液液面高度及浓度（防冻能力）,必要时添加冷却液或调整浓度
7	更换发动机机油及机油滤清器
8	检查前、后制动器摩擦片的厚度
9	检查所有轮胎（包括备胎）的花纹深度、磨损形态,清除轮胎上的异物
10	目测检查车身底部防护层和底饰板是否破损
11	目测检查制动系统是否有泄漏和损坏
12	目测检查变速器、主减速器及等速万向节防护套有无泄漏或损坏（从下面）
13	检查转向横拉杆球头的间隙、紧固程度及防尘套状况
14	检查喷油器状态,必要时采取相应维修措施
15	进行轮胎换位,按要求检查轮胎气压,必要时校正,检查车轮螺栓拧紧力矩
16	润滑车门止动器
17	加注燃油添加剂 G17（备件号：G00170003）
18	检查安全气囊和安全带状态及安全气囊罩壳是否损坏
19	检查车内所有开关、车内照明、手套箱照明、用电器、显示器和仪表及各警报指示灯的功能
20	检查滑动天窗功能,清洗导轨并用专用润滑脂润滑
21	检查车外前部、后部、行李箱照明灯等所有灯光状态和闪烁报警装置,以及静态弯道行车灯、自动行车灯控制功能
22	检查风窗刮水器、清洗器及前照灯清洗装置的功能,必要时调整喷嘴
23	检查火花塞状态,必要时采取相应维修维护措施
24	清洗空气滤清器壳体,检查滤芯状态,必要时采取相应维修措施
25	粉尘及花粉过滤器：清洗外壳,检查滤芯状态,必要时采取相应维修措施
26	检查 DSG6 档直接换档变速器齿轮油油位,必要时添加 DSG 变速器齿轮油
27	检查排气系统是否有泄漏或损坏及紧固程度
28	检查前照灯光束,必要时进行调整

（续）

序号	作业范围
29	保养周期指示器复位
30	试车：检查制动器（含驻车制动）、变速器、离合器、转向及空调等的功能，查询故障存储器，终止检查

5. 与时间和/或行驶里程相关的附加作业

除周期性维护或周期性维护检查之外，还要根据使用条件和车辆配置进行其他的维护工作。考虑维护手册上的记录（或贴签上的下次保养记录），也可在保养周期之外进行附加保养作业。

(1) 首次20000km或2年，之后每20000km或每2年

1) 更换火花塞。
2) 更换空气滤清器滤芯，清洗壳体。

(2) 首次30000km或2年，之后每30000km或每2年

1) 粉尘及花粉过滤器：清洗外壳，更换滤芯。
2) 检查多楔传动带的状态，必要时更换。

(3) 首次60000km或4年，之后每60000km或每4年

1) 更换燃油滤清器。
2) 检查DSG7档直接换档变速器齿轮油油质，必要时更换齿轮油。
3) 更换DSG6档直接换档变速器齿轮油和滤清器。
4) 对氙气灯进行基本设置。

(4) 每24个月 更换制动液。

6. 汽车移交检查（见表10-6）

表10-6 汽车移交检查

车身部件	序号	作业范围
随车附件	1	发动机号、底盘号、车辆标牌是否清晰，是否与合格证号码相符
	2	核对随车文件（与上牌照相关文件）是否正确
车身外部	3	检查车身漆面、外饰件及前后风窗和车门玻璃是否完好
	4	检查行李箱开启功能及行李箱是否清洁，行李箱内工具是否齐全
	5	检查所有车钥匙的功能
	6	检查轮胎、轮辋状态，调整轮胎充气压力（包括备用车轮）至规定值
	7	以标准力矩校紧所有车轮螺栓
发动机舱	8	目视检查发动机舱中的部件有无渗漏及损伤
	9	检查冷却液液位（液位应在上限与下限之间）
	10	检查制动液液位（液位应在上限与下限之间）及相连接的管路
	11	检查蓄电池电压，校紧电极卡夹及熔丝母
	12	检查机油油位，必要时添加机油，注意机油规格
车身内部	13	检查内饰各部位是否清洁
	14	检查座椅及安全带功能
	15	检查转向盘调整功能及燃油箱盖开启功能

(续)

车身部件	序号	作 业 范 围
车身内部	16	检查车内照明灯、警报/指示灯、喇叭及前照灯调整功能(如有)
	17	检查车窗升降器功能、车内中央门锁功能和外后视镜调整功能
	18	检查收音机功能
	19	检查天窗功能及车内后视镜防眩目功能
	20	校准时钟
	21	检查刮水器及清洗装置功能,必要时调整喷嘴(如有)
车身底部	22	检查车身底板有无损伤、底盘管路是否完好
	23	检查传动轴、转向系统及万向节防尘套有无漏油或损伤
	24	目视检查底盘可见螺母/螺栓是否缺失或有明显松动
其他	25	查询各电控单元故障存储,清除故障记忆
	26	装上点烟器
	27	静态试车
	28	填写售前检查证明,并在指定位置加盖经销商 PDI(车辆售前检验记录)公章

10.3 小知识——汽车的定期保养与厂家质保

为了提高品牌竞争力,现在越来越多的汽车厂家延长了整车质保期。在质保期内或者规定里程内,各种零部件在确认非人为损坏的情况下都可以免费修理。不过,在厂家大力宣传自己的车型保修期有多长时,绝大部分消费者并不知道,所谓的整车质保其实是不包含车辆所有零配件的。那些容易损坏或者老化的部件,厂家通常不负保修义务,或者只给予很短暂的保修期。

那么,哪些零件属于易损件?易损件的质保期是多长?对于这个问题,各个厂家的规定并不一致,甚至同一品牌旗下的不同车型,易损件种类和质保期也不尽相同。

滤芯、熔丝、刮水片、制动片等,所有品牌都将其列为易损件,但质保期有长有短,有的可以提供 6 个月/1 万 km 的质保,有的则干脆声明不保修。轮胎在绝大多数厂家看来都属于易损件,但丰田在中国的两家合资厂商——广汽丰田和一汽丰田,都表示可以享受和整车同样时长的质保。对于蓄电池差异就稍微大一些,大众、奥迪、宝马等德系车企没有把它列为易损件,而日系、韩系、法系车企则认为是易损件,但给出的质保期长短不一,有的只有 6 个月/1 万 km,有的则能达到 2 年/6 万 km。

下面整理了部分主流品牌易损件的种类和质保期,供大家参考。(同一品牌的不同车型,对易损件的规定可能会略有差别,请以相关车辆保修手册为主。)

广汽丰田:整车质保 3 年/10 万 km。滤清器、皮带、火花塞、制动片、熔丝、灯泡、刮水片等 6 个月/1 万 km;蓄电池 2 年/5 万 km。

一汽丰田:整车质保 3 年/10 万 km。滤清器、传动带、火花塞、制动片、熔丝、灯泡、刮水片等 6 个月/1 万 km;蓄电池 2 年/5 万 km。

广汽本田:整车质保 3 年/10 万 km。离合器片、制动片、内饰件、火花塞、轮胎、熔丝、灯泡、玻璃、刮水片等 6 个月/1 万 km；蓄电池 12 个月。

东风日产：整车质保 3 年/10 万 km。传动带、灯泡、熔丝、火花塞、离合器盘、制动片、滤清器、刮水片、橡胶制品等不提供保修；蓄电池 2 年/6 万 km。

东风本田：整车质保 3 年/10 万 km。离合器片、制动片/盘、刮水片、轮胎、灯泡、熔丝等 3 个月/5000km；蓄电池 1 年/2 万 km；机油、火花塞、滤清器等不保修。

长安马自达：整车质保 3 年/10 万 km。玻璃、橡胶制品、塑料制品、电镀件、传动带、灯泡、熔丝、火花塞、制动片、离合器片、刮水片、轮胎等不保修。

课 后 习 题

一、填空题

汽车一级维护的一般项目有_____、_____和_____，二级维护在一级维护的一般项目上增加了_____、_____。

二、问答题

简述汽车维护的目的。

三、填表题

查找资料，在表 10-7 中列出大众 CC 的维护项目以及更换时间。

表 10-7　练习题

车辆型号			
序号	更换配件	保养间隔	配件价格/元
1			
2			
3			
4			
5			
6			
7			
8			
9			
10			
11			
12			
13			
14			

参 考 文 献

[1] 李雷. 看图学汽车保养与维护 [M]. 北京：化学工业出版社，2014.
[2] 夏雪松. 汽车维护与保养入门 [M]. 北京：化学工业出版社，2014.
[3] 一汽-大众. 09版速腾保养手册 [Z]. 长春：一汽-大众汽车有限公司，2009.
[4] 奇瑞汽车. 奇瑞风云2维修手册 [Z]. 芜湖：奇瑞汽车股份有限公司，2014.
[5] 一汽-大众. 2010一汽大众CC保养手册 [Z]. 长春：一汽-大众汽车有限公司，2010.
[6] 一汽-大众. 2011一汽大众迈腾保养手册 [Z]. 长春：一汽-大众汽车有限公司，2011.
[7] 一汽-大众. 2011一汽大众宝来保养手册 [Z]. 长春：一汽-大众汽车有限公司，2011.

目 录

1 知识工作页 ··· 1
  1.1 汽车维护基础 ·· 1
  1.2 发动机润滑系统的检查与维护 ·· 3
  1.3 发动机冷却系统的检查与维护 ·· 5
  1.4 发动机带传动及链传动装置的检查与维护 ······························ 7
  1.5 汽车传动系统的检查与维护 ··· 9
  1.6 汽车底盘的检查与维护 ··· 11
  1.7 汽车电源和起动系统的检查与维护 ······································ 13
  1.8 照明系统的检查与保养 ··· 14
  1.9 汽车点火系统的检查与维护 ··· 16
  1.10 汽车的定期维护 ·· 17

2 实训工作页 ··· 18
  2.1 汽车维护基础操作 ·· 18
  2.2 机油的检查与更换 ·· 20
  2.3 冷却液的检查与更换 ··· 22
  2.4 正时带的检查与更换 ··· 24
  2.5 离合器的检查 ·· 26
  2.6 自动变速器油的检查与更换 ··· 28
  2.7 动力转向液的检查与更换 ·· 30
  2.8 轮胎的检查与换位 ·· 33
  2.9 制动摩擦片的检查与更换 ·· 36
  2.10 制动液的检查与更换 ·· 39
  2.11 蓄电池的检查与更换 ·· 41
  2.12 灯泡的检查与更换 ··· 44
  2.13 火花塞的检查与更换 ·· 47
  2.14 车辆的全面检查 ·· 49

知识工作页

1.1 汽车维护基础

任务描述

小李马上要毕业去4S店工作了,但是他对4S店完全没有了解。你作为4S的人事工作人员,对马上要入职的小李做出解释。

1. 请解释4S有何含义。

2. 刚入职的小李在4S店有哪些可以选择的工作岗位?

3. 在4S店工作的小李以后有哪些可以升迁的岗位?

4. 如果你进入4S店工作,你会选择哪个岗位,为什么?

5. 在车辆何处可以查找到车辆识别码？根据下图中的车辆识别码判断车辆的出厂国和出厂年份。

1.2 发动机润滑系统的检查与维护

任务描述

小李到店对汽车的机油进行更换,你作为维修人员,对小李所做的机油更换作业做出说明。

1．请说出你知道的至少 3 种机油品牌。

2．请解释下图中机油标号的含义。

3．机油按材料分为哪几类？

4．一般车辆应多长时间或多少 km 更换一次机油滤清器？

5. 在维护完毕后，车辆仪表板还显示以下信息，以大众车型为例，该如何清除该信息？

机油寿命 0% 按Set/Clr键 复位

6. 如果在添加机油过程中机油量过多或过少各有什么危害？

1.3 发动机冷却系统的检查与维护

任务描述

小李到店对汽车的冷却液进行更换,你作为维修人员,对小李所做的冷却液更换作业做出说明。

1. 冷却液的更换标准是什么?

2. 下图的冰点测试仪可以测试哪些项目?如果测试的是乙二醇类防冻液,它的冰点是多少?

3. 车辆原车配备的是蓝色防冻液,是否可以更换为其他颜色的防冻液?请说明原因。

4. 解释防冻液过多或过少所造成的危害。

5. 防冻液的作用有哪些？

6. 下图是小循环的示意图，请写出各元件的名称。

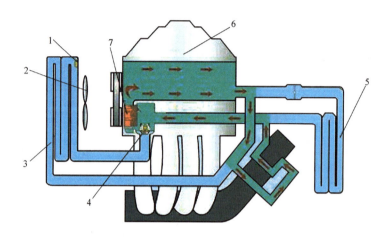

1 _____ 2 _____
3 _____ 4 _____
5 _____ 6 _____
7 _____

1.4 发动机带传动及链传动装置的检查与维护

任务描述

小李到店对汽车的正时带进行更换,你作为维修人员,对小李所做的正时带更换作业做出说明。

1. 正时带的更换标准是什么?

2. 在下图中写出正时带装置的各部件名称。

3. 试比较正时带和正时链条的优、缺点。

4. 请写出下图中正时带的各部件名称。

1 _____ 2 _____
3 _____ 4 _____
5 _____ 6 _____

5. 如果不及时更换正时带，会造成什么危害？

1.5 汽车传动系统的检查与维护

任务描述

小李到店对汽车的离合器三件套进行更换,你作为维修人员,对小李所做的离合器更换作业做出说明。

1．离合器何时该进行更换作业?

2．如何检测离合器是否打滑?

3．在下图中写出离合器各部件的名称。

4．如果离合器踏板没有自由行程会有什么后果?

5. 自动变速器油的更换应遵循什么标准？

6. 下图是自动变速器油尺的标记，试说明自动变速器油的检查步骤。

如果油面在HOT范围内，则正常

如果油面不在HOT范围内，则需加油

7. 如果没有按规定更换自动变速器油，会有什么后果？

1.6　汽车底盘的检查与维护

任务描述

小李到店对汽车的轮胎进行更换,你作为维修人员,对小李所做的轮胎更换作业做出说明。

1．试说明有转向助力的车辆与无转向助力的车辆的区别。

_____
_____
_____
_____
_____

2．试说明动力转向液何时更换。

_____
_____
_____
_____
_____

3．试说明正常情况下轮胎何时进行更换。

_____
_____
_____
_____
_____

4．请写出下图中轮胎参数的含义。

$$195 / 55 \ R15 \ \ 85 \ V$$

1 _____　　2 _____
3 _____　　4 _____
5 _____　　6 _____

5. 试说明制动摩擦片的更换标准。

6. 请写出下图中盘式制动器各部件的名称。

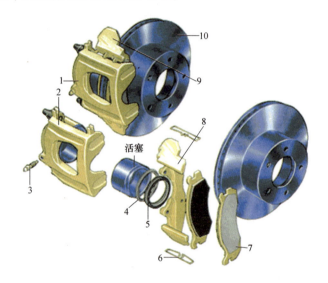

1 _____   2 _____
3 _____   4 _____
5 _____   6 _____
7 _____   8 _____
9 _____   10 _____

1.7 汽车电源和起动系统的检查与维护

任务描述

小李到店对汽车蓄电池进行更换，你作为维修人员，对小李所做蓄电池的更换作业做出说明。

1. 车辆一般何时更换蓄电池？

2. 汽车蓄电池的种类有哪些？

3. 如何目测检查免维护蓄电池？

4. 请写出下图中蓄电池的结构名称。

1 _____
2 _____
3 _____
4 _____
5 _____
6 _____
7 _____
8 _____

1.8 照明系统的检查与保养

任务描述

小李到店对汽车灯光进行改装，你作为维修人员，对小李所做灯光改装作业做出说明。

1. 请对常见的几种灯泡类型进行说明和对比。

_____
_____
_____
_____
_____
_____
_____
_____
_____

2. 由于小李要将车辆的原有车灯改为氙气灯，请对改装氙气灯的注意事项做出说明。

_____
_____
_____
_____
_____
_____

3. 请写出下图中前照灯的结构名称。

1 _____
2 _____
3 _____
4 _____
5 _____
6 _____
7 _____
8 _____
9 _____

4. 请写出下图中组合开关的各操作名称。

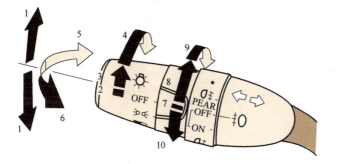

1 _____
2 _____
3 _____
4 _____
5 _____
6 _____
7 _____
8 _____
9 _____
10 _____

1.9 汽车点火系统的检查与维护

任务描述

小李到店对火花塞进行更换，你作为维修人员，对小李所做火花塞的更换作业做出说明。

1. 试说明火花塞按电极材料如何分类。

2. 试说明火花塞的更换周期。

3. 请写出下图中火花塞的结构名称。

1 _____ 2 _____
3 _____ 4 _____
5 _____ 6 _____
7 _____ 8 _____
9 _____ 10 _____
11 _____ 12 _____

4. 试分析如果没有及时更换火花塞会有何后果。

5. 说出你知道的至少 3 种火花塞品牌。

1.10 汽车的定期维护

任务描述

小李到店对车辆进行 6 万 km 定期维护,你作为维修人员,对小李所做定期维护作业做出说明并填写下表。

车辆型号	大众 CC		
序号	检查或维护项目	配件价格/元	工时费用/元
1			
2			
3			
4			
5			
6			
7			
8			
9			
10			
11			
12			
13			
14			
15			
16			
17			
18			
19			
20			
21			
22			
23			
总费用/元			

2

实训工作页

2.1 汽车维护基础操作

任务描述

小李刚到4S店维修岗位上班,对汽车相关信息及工具和设备的使用不是很熟悉。你作为企业培训人员,带领小李熟悉汽车相关信息以及工具和设备。

1. 填写工作任务所需的设备、工具、耗材以及资料。

编号	名　称	规格	数量	单位	备注
1					
2					
3					
4					
5					

2. 车辆识别码在何处查找?请找到车辆识别码并解释相关含义。

3. 汽车的铭牌在何处查找?请在汽车的铭牌上找到汽车生产日期和发动机排量。

4．用举升机举升车辆，轿车的举升位置在哪里？

　　

5．工作任务打分表。

序号	项　目	参考配分	组评	师评	得分
1	实训着装及实训准备	20			
2	工作计划的制订	20			
3	按照计划执行具体工作任务的情况	30			
4	能否正确排除车辆故障	20			
5	安全环保及5S意识	10			

2.2 机油的检查与更换

任务描述

用户到店更换机油滤清器，你作为店里的维修技师，对用户的车辆进行相关的维护操作，并做出相应的解释说明。

1. 填写工作任务所需的设备、工具、耗材以及资料。

编号	名　　称	规格	数量	单位	备注
1					
2					
3					
4					
5					
6					

2. 填写车辆信息（图中为示例，具体信息到实训车辆上查找）。

序号	车辆信息	位置图例	填写相关信息
1	车辆制造年月		
2	车辆型号		
3	车辆识别码	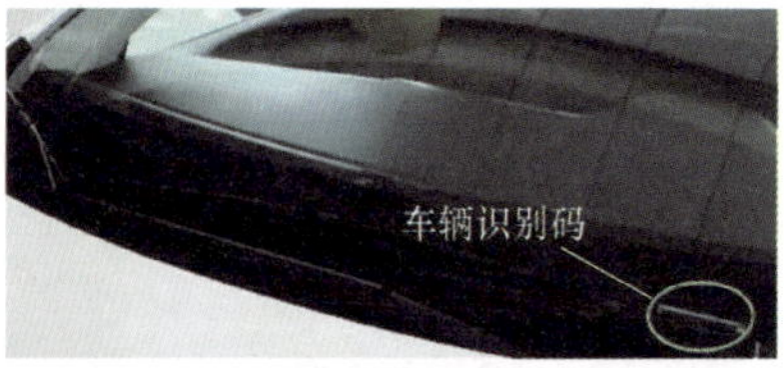	
4	发动机型号		

3. 检查机油有哪些步骤和注意事项（下图为机油检查）？

4. 为用户选择机油，并向用户说明为何选用该种机油。

5. 更换机油，并在下表中填写相应步骤和工具、设备以及耗材。

序号	步　骤	工具/设备/耗材
1		
2		
3		
4		
5		
6		
7		
8		
9		
10		

6. 工作任务打分表。

序号	项目	参考配分	组评	师评	得分
1	实训着装及实训准备	20			
2	工作计划的制订	20			
3	按照计划执行具体工作任务的情况	30			
4	能否正确排除车辆故障	20			
5	安全环保及5S意识	10			

2.3 冷却液的检查与更换

任务描述

用户到店更换冷却液,你作为店里的维修技师,对用户的车辆进行相关的维护操作,并做出相应的解释说明。

1. 填写工作任务所需的设备、工具、耗材以及资料。

编号	名称	规格	数量	单位	备注
1					
2					
3					
4					
5					
6					

2. 填写车辆信息(图中为示例,具体信息到实训车辆上查找)。

序号	车辆信息	位置图例	填写相关信息
1	车辆制造年月		
2	车辆型号	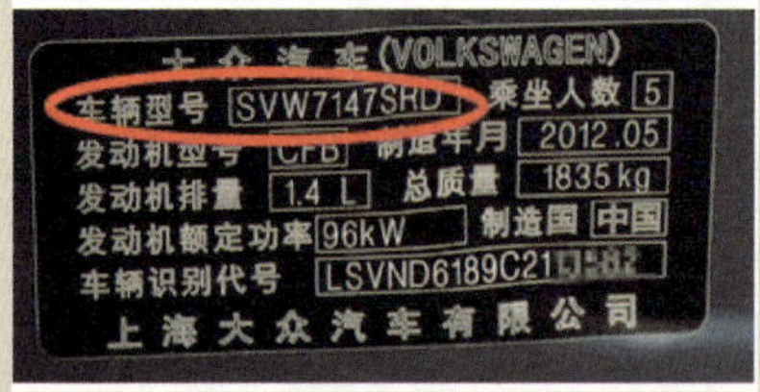	
3	车辆识别码		
4	发动机型号		

3．对车辆的冷却液液位进行检查，说明是否需要补充（下图为冷却液储液罐）。

_____
_____
_____
_____
_____
_____
_____
_____
_____

4．对车辆的正时带冰点进行检查，说明是否需要更换。

_____
_____
_____

5．更换车辆冷却液，在下表中填写相关步骤和工具、设备以及耗材。

序号	步骤	工具/设备/耗材
1		
2		
3		
4		
5		
6		
7		
8		
9		
10		

6．工作任务打分表。

序号	项目	参考配分	组评	师评	得分
1	实训着装及实训准备	20			
2	工作计划的制订	20			
3	按照计划执行具体工作任务的情况	30			
4	能否正确排除车辆故障	20			
5	安全环保及5S意识	10			

2.4 正时带的检查与更换

任务描述

用户到店更换正时带,你作为店里的维修技师,对用户的车辆进行相关的维护操作,并做出相应的解释说明。

1. 填写工作任务所需的设备、工具、耗材以及资料。

编号	名称	规格	数量	单位	备注
1					
2					
3					
4					
5					
6					

2. 填写车辆信息(图中为示例,具体信息到实训车辆上查找)。

序号	车辆信息	位置图例	填写相关信息
1	车辆制造年月		
2	车辆型号	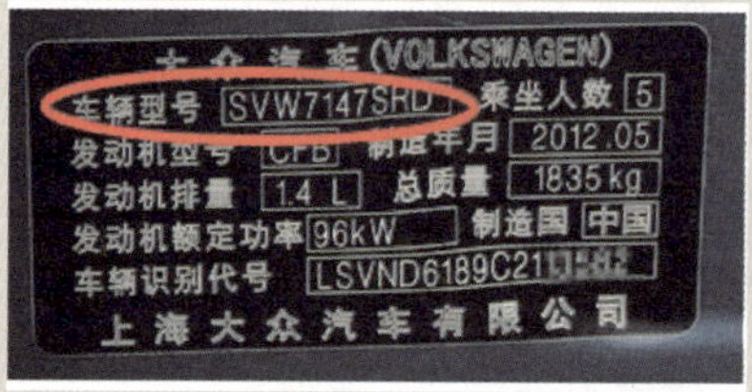	
3	车辆识别码		
4	发动机型号		

3. 检查正时带并写出相关的步骤（下图为正时带检查）。

4. 更换车辆正时带，在下表中填写相关步骤和工具、设备以及耗材。

序号	步 骤	工具/设备/耗材
1		
2		
3		
4		
5		
6		
7		
8		
9		
10		

5. 工作任务打分表。

序号	项目	参考配分	组评	师评	得分
1	实训着装及实训准备	20			
2	工作计划的制订	20			
3	按照计划执行具体工作任务的情况	30			
4	能否正确排除车辆故障	20			
5	安全环保及5S意识	10			

2.5 离合器的检查

任务描述

用户到店对离合器进行检查,你作为店里的维修技师,对用户的车辆进行相关的维护操作,并做出相应的解释说明。

1. 填写工作任务所需的设备、工具、耗材以及资料。

编号	名称	规格	数量	单位	备注
1					
2					
3					
4					
5					
6					

2. 填写车辆信息(图中为示例,具体信息到实训车辆上查找)。

序号	车辆信息	位置图例	填写相关信息
1	车辆制造年月		
2	车辆型号	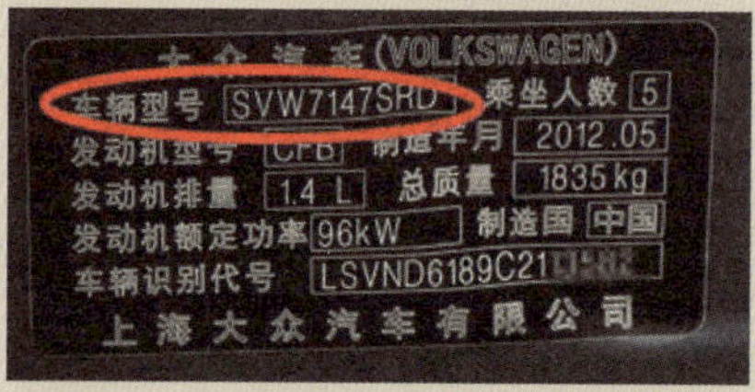	
3	车辆识别码	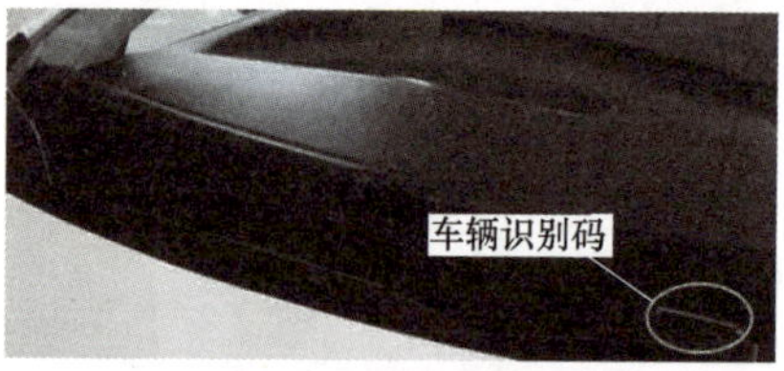	
4	发动机型号		

3．简述离合器自由行程的检查步骤。

4．离合器从动盘铆钉头深度和端面圆跳动的标准是多少？用工具检查从动盘，说明从动盘是否合乎标准（下图为离合器从动盘的检查）。

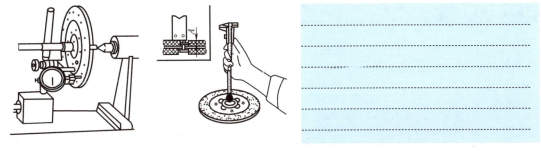

5．离合器压盘的平面度标准如何？检查压盘的平面度并说明是否合乎标准（下图为离合器压盘的检查）。

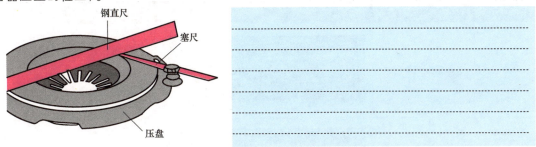

6．工作任务打分表。

序号	项目	参考配分	组评	师评	得分
1	实训着装及实训准备	20			
2	工作计划的制订	20			
3	按照计划执行具体工作任务的情况	30			
4	能否正确排除车辆故障	20			
5	安全环保及 5S 意识	10			

2.6 自动变速器油的检查与更换

任务描述

用户到店更换自动变速器油，你作为店里的维修技师，对用户的车辆进行相关的维护操作，并做出相应的解释说明。

1. 填写工作任务所需的设备、工具、耗材以及资料。

编号	名称	规格	数量	单位	备注
1					
2					
3					
4					
5					
6					

2. 填写车辆信息（图中为示例，具体信息到实训车辆上查找）。

序号	车辆信息	位置图例	填写相关信息
1	车辆制造年月	品牌：梅赛德斯—奔驰　整车型号：FA6500 发动机型号：272924　发动机排量：2496 ml 发动机额定功率：140 kW　乘坐人数：7 最大设计总质量：2940 kg　制造国：中国 生产序号：008781　制造年月：2010年10月	
2	车辆型号	大众汽车(VOLKSWAGEN) 车辆型号：SVW7147SRD　乘坐人数：5 发动机型号：CFB　制造年月：2012.05 发动机排量：1.4 L　总质量：1835 kg 发动机额定功率：96kW　制造国：中国 车辆识别代号：LSVND6189C21□□□□ 上海大众汽车有限公司	
3	车辆识别码	车辆识别码	
4	发动机型号	品牌：别克　制造年月：12-02 发动机型号：LAF　座位数：5 发动机排量：2.364L　最大设计总质量： 发动机额定功率：137kW　2170 kg 中国　上海通用汽车有限公司制造	

3. 检查自动变速器油,写出相应步骤并说明是否需要更换。

4. 更换车辆自动变速器油,在下表中填写相关步骤和工具、设备以及耗材。

序号	步　骤	工具/设备/耗材
1		
2		
3		
4		
5		
6		
7		
8		
9		
10		

5. 工作任务打分表。

序号	项目	参考配分	组评	师评	得分
1	实训着装及实训准备	20			
2	工作计划的制订	20			
3	按照计划执行具体工作任务的情况	30			
4	能否正确排除车辆故障	20			
5	安全环保及5S意识	10			

2.7 动力转向液的检查与更换

任务描述

用户到店更换动力转向液,你作为店里的维修技师,对用户的车辆进行相关的维护操作,并做出相应的解释说明。

1. 填写工作任务所需的设备、工具、耗材以及资料。

编号	名 称	规格	数量	单位	备注
1					
2					
3					
4					
5					
6					

2. 填写车辆信息(图中为示例,具体信息到实训车辆上查找)。

序号	车辆信息	位置图例	填写相关信息
1	车辆制造年月		
2	车辆型号	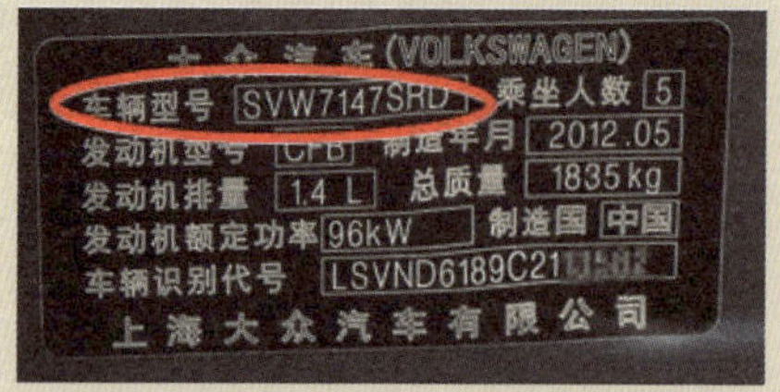	
3	车辆识别码	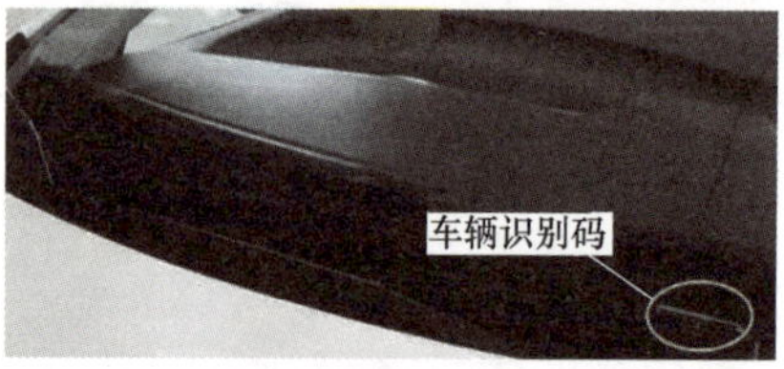	
4	发动机型号		

3. 检查动力转向液，写出相应步骤并说明是否需要更换（下图中为动力转向储液罐）。

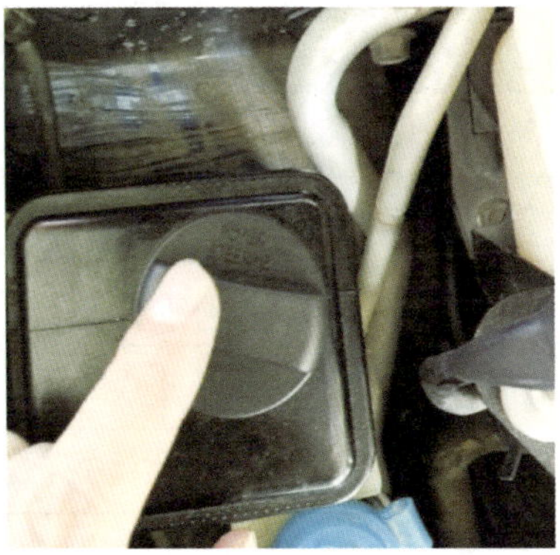

4. 检查动力转向油泵和油管，写出相应步骤（下图中为动力转向油泵及进、出油管）。

5. 更换车辆动力转向液，在下表中填写相关步骤和工具、设备以及耗材。

序号	步　骤	工具/设备/耗材
1		
2		
3		
4		
5		
6		
7		
8		
9		
10		

6. 工作任务打分表。

序号	项目	参考配分	组评	师评	得分
1	实训着装及实训准备	20			
2	工作计划的制订	20			
3	按照计划执行具体工作任务的情况	30			
4	能否正确排除车辆故障	20			
5	安全环保及5S意识	10			

2.8 轮胎的检查与换位

任务描述

用户到店检查轮胎和进行轮胎换位,你作为店里的维修技师,对用户的车辆进行相关的维护操作,并做出相应的解释说明。

1. 填写工作任务所需的设备、工具、耗材以及资料。

编号	名　　称	规格	数量	单位	备注
1					
2					
3					
4					
5					
6					

2. 填写车辆信息(图中为示例,具体信息到实训车辆上查找)。

序号	车辆信息	位置图例	填写相关信息
1	车辆制造年月		
2	车辆型号	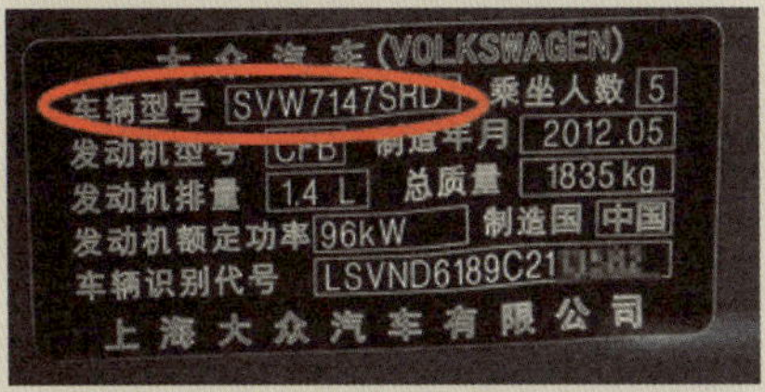	
3	车辆识别码		
4	发动机型号		

3. 按下图所示检查轮胎花纹深度，说明轮胎花纹的磨损极限是多少，是否需要更换。

4. 在汽车上查找轮胎的标准气压，按下图所示检查轮胎气压，写出相应步骤，并说明是否需要补充。

5. 对车辆进行轮胎换位操作，在下表中填写相关步骤和工具、设备以及耗材。

序号	步　骤	工具/设备/耗材
1		
2		
3		
4		
5		
6		
7		
8		
9		
10		

6．工作任务打分表。

序号	项目	参考配分	组评	师评	得分
1	实训着装及实训准备	20			
2	工作计划的制订	20			
3	按照计划执行具体工作任务的情况	30			
4	能否正确排除车辆故障	20			
5	安全环保及5S意识	10			

2.9 制动摩擦片的检查与更换

任务描述

用户到店更换制动摩擦片,你作为店里的维修技师,对用户的车辆进行相关的维护操作,并做出相应的解释说明。

1. 填写工作任务所需的设备、工具、耗材以及资料。

编号	名称	规格	数量	单位	备注
1					
2					
3					
4					
5					
6					

2. 填写车辆信息(图中为示例,具体信息到实训车辆上查找)。

序号	车辆信息	位置图例	填写相关信息
1	车辆制造年月		
2	车辆型号	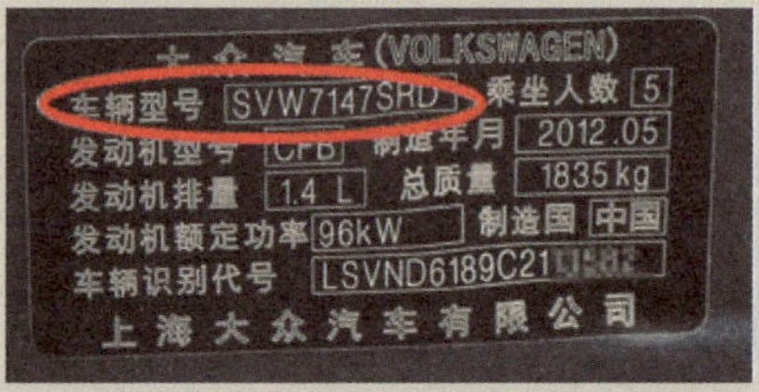	
3	车辆识别码	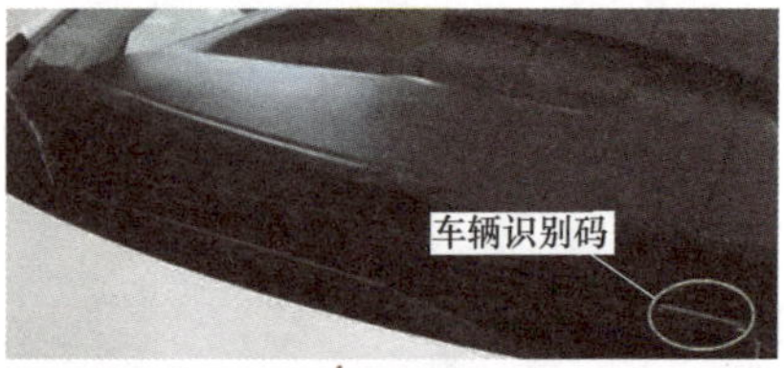	
4	发动机型号		

3. 按下图所示检查制动摩擦片，说明制动摩擦片的磨损极限是多少，是否需要更换。

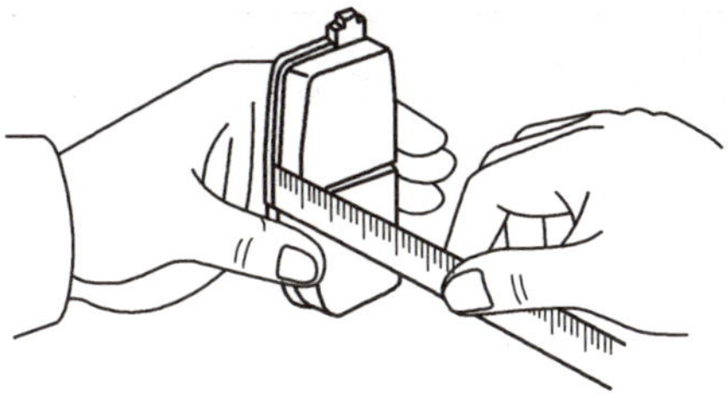

4. 按下图所示检查制动盘，说明制动盘的磨损极限是多少，是否需要更换。

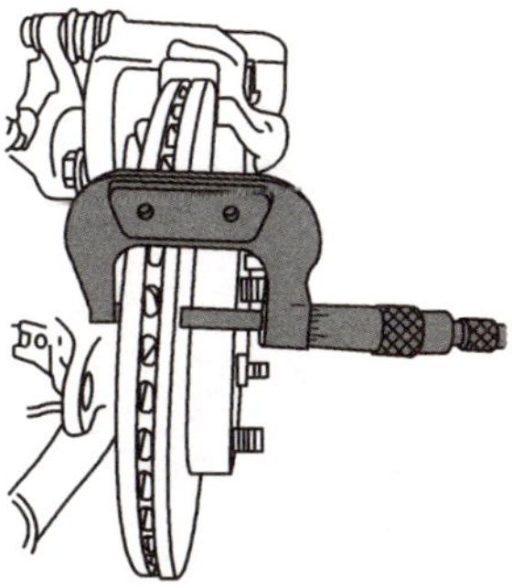

5. 下图所示工具有何作用？说明该工具的使用方法。

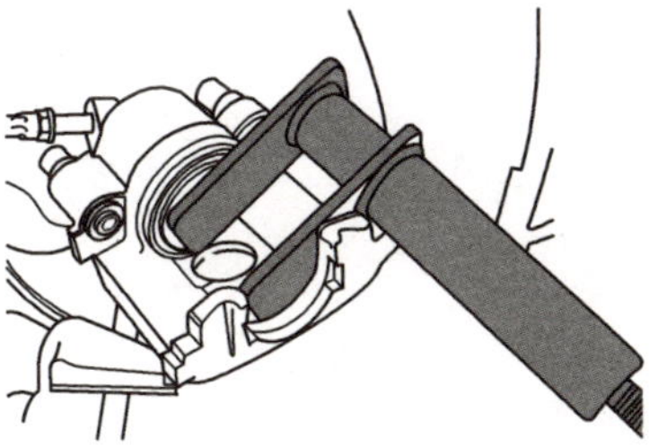

6. 对车辆进行制动摩擦片更换作业，在下表中填写相关步骤和工具、设备以及耗材。

序号	步骤	工具/设备/耗材
1		
2		
3		
4		
5		
6		
7		
8		
9		
10		

7. 工作任务打分表。

序号	项目	参考配分	组评	师评	得分
1	实训着装及实训准备	20			
2	工作计划的制订	20			
3	按照计划执行具体工作任务的情况	30			
4	能否正确排除车辆故障	20			
5	安全环保及 5S 意识	10			

2.10 制动液的检查与更换

任务描述

用户到店更换制动液,你作为店里的维修技师,对用户的车辆进行相关的维护操作,并做出相应的解释说明。

1. 填写工作任务所需的设备、工具、耗材以及资料。

编号	名 称	规格	数量	单位	备注
1					
2					
3					
4					
5					
6					

2. 填写车辆信息(图中为示例,具体信息到实训车辆上查找)。

序号	车辆信息	位置图例	填写相关信息
1	车辆制造年月		
2	车辆型号	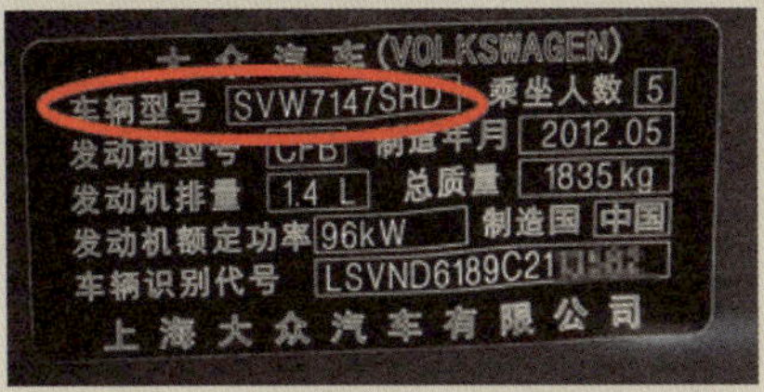	
3	车辆识别码		
4	发动机型号		

3. 按下图所示检查制动液的含水量，说明制动液含水量的标准是多少，是否需要更换。

4. 试说明制动液为何要排气，排气的顺序应遵循什么原则。

5. 对车辆进行制动液更换作业，在下表中填写相关步骤和工具、设备以及耗材。

序号	步骤	工具/设备/耗材
1		
2		
3		
4		
5		
6		
7		
8		
9		
10		

6. 工作任务打分表。

序号	项目	参考配分	组评	师评	得分
1	实训着装及实训准备	20			
2	工作计划的制订	20			
3	按照计划执行具体工作任务的情况	30			
4	能否正确排除车辆故障	20			
5	安全环保及5S意识	10			

2.11 蓄电池的检查与更换

> **任务描述**

用户到店更换蓄电池,你作为店里的维修技师,对用户的车辆进行相关的维护操作,并做出相应的解释说明。

1. 填写工作任务所需的设备、工具、耗材以及资料。

编号	名　　称	规格	数量	单位	备注
1					
2					
3					
4					
5					
6					

2. 填写车辆信息(图中为示例,具体信息到实训车辆上查找)。

序号	车辆信息	位置图例	填写相关信息
1	车辆制造年月	品牌:梅赛德斯-奔驰 整车型号:FA6500 发动机型号:272924 发动机排量:2496 ml 发动机额定功率:140 kW 乘坐人数:7 最大设计总质量:2940 kg 制造国:中国 生产序号:008781 制造年月:2010年10月	
2	车辆型号	上汽大众(VOLKSWAGEN) 车辆型号:SVW7147SRD 乘坐人数:5 发动机型号:CFB 制造年月:2012.05 发动机排量:1.4 L 总质量:1835 kg 发动机额定功率:96kW 制造国:中国 车辆识别代号:LSVND6189C21 上海大众汽车有限公司	
3	车辆识别码	车辆识别码	
4	发动机型号	制造年月:12-02 发动机型号:LAF 座位数:5 发动机排量:2.384L 最大设计总质量:2170kg 发动机额定功率:137kW 中国 上海通用汽车有限公司制造	

3. 试说明蓄电池观察窗显示的颜色（下图）各代表什么含义。

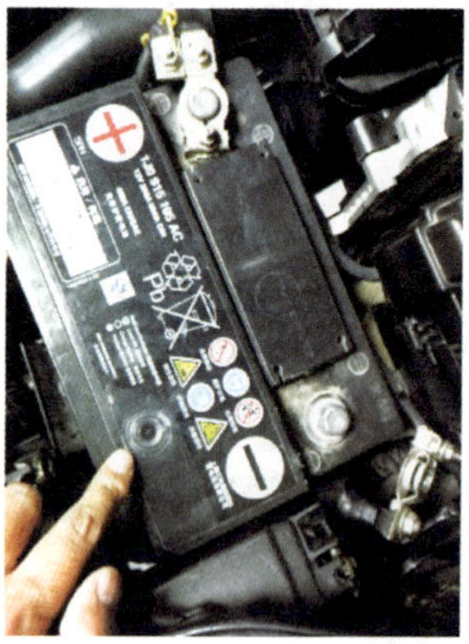

4. 试说明蓄电池如何进行检查，判断蓄电池好坏的标准是什么。

5. 对车辆进行蓄电池更换作业，在下表中填写相关步骤和工具、设备以及耗材。

序号	步　　骤	工具/设备/耗材
1		
2		
3		
4		
5		
6		
7		
8		
9		
10		

6. 说明拆装蓄电池时正、负极的拆装顺序，并说明为何要这样操作。

7. 工作任务打分表。

序号	项目	参考配分	组评	师评	得分
1	实训着装及实训准备	20			
2	工作计划的制订	20			
3	按照计划执行具体工作任务的情况	30			
4	能否正确排除车辆故障	20			
5	安全环保及5S意识	10			

2.12 灯泡的检查与更换

任务描述

用户到店更换前照灯灯泡,你作为店里的维修技师,对用户的车辆进行相关的维护操作,并做出相应的解释说明。

1. 填写工作任务所需的设备、工具、耗材以及资料。

编号	名称	规格	数量	单位	备注
1					
2					
3					
4					
5					
6					

2. 填写车辆信息(图中为示例,具体信息到实训车辆上查找)。

序号	车辆信息	位置图例	填写相关信息
1	车辆制造年月		
2	车辆型号	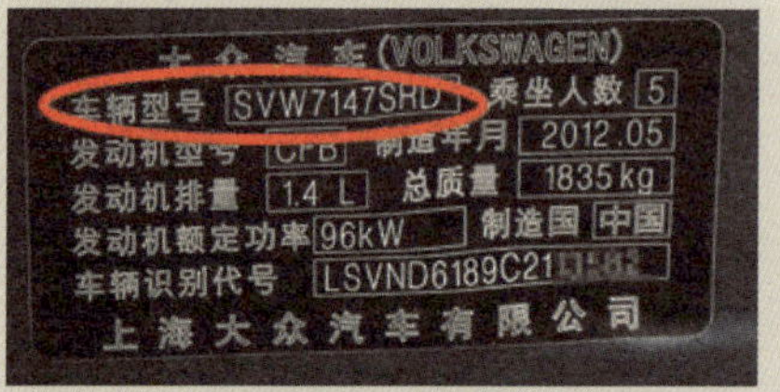	
3	车辆识别码	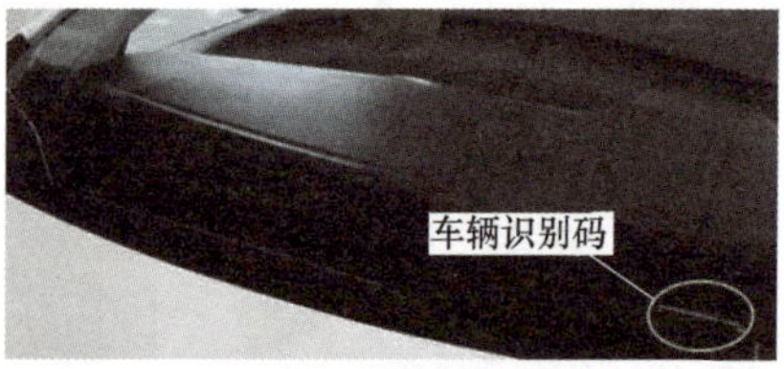	
4	发动机型号		

3. 检查车辆各个灯泡的好坏并填写下表。

序号	灯泡名称	灯泡状态
1	左前示宽灯	
2	右前示宽灯	
3	左近光灯	
4	右近光灯	
5	左远光灯	
6	右远光灯	
7	左前雾灯	
8	右前雾灯	
9	危险警告灯	
10	左制动灯	
11	右制动灯	
12	后雾灯	
13	左后示宽灯	
14	右后示宽灯	
15	门灯	
16	顶灯	
17	行李箱灯	

4. 对车辆进行灯泡更换作业（下图为车辆灯泡），并在下表中填写相关步骤和工具、设备以及耗材。

序号	步骤	工具/设备/耗材
1		
2		
3		
4		
5		
6		

（续）

序号	步骤	工具/设备/耗材
7		
8		
9		
10		

5．工作任务打分表。

序号	项目	参考配分	组评	师评	得分
1	实训着装及实训准备	20			
2	工作计划的制订	20			
3	按照计划执行具体工作任务的情况	30			
4	能否正确排除车辆故障	20			
5	安全环保及 5S 意识	10			

2.13 火花塞的检查与更换

任务描述

用户到店更换火花塞，你作为店里的维修技师，对小王的车辆进行相关的维护操作，并做出相应的解释说明。

1．填写工作任务所需的设备、工具、耗材以及资料。

编号	名　　称	规格	数量	单位	备注
1					
2					
3					
4					
5					
6					

2．填写车辆信息（图中为示例，具体信息到实训车辆上查找）。

序号	车辆信息	位置图例	填写相关信息
1	车辆制造年月		
2	车辆型号	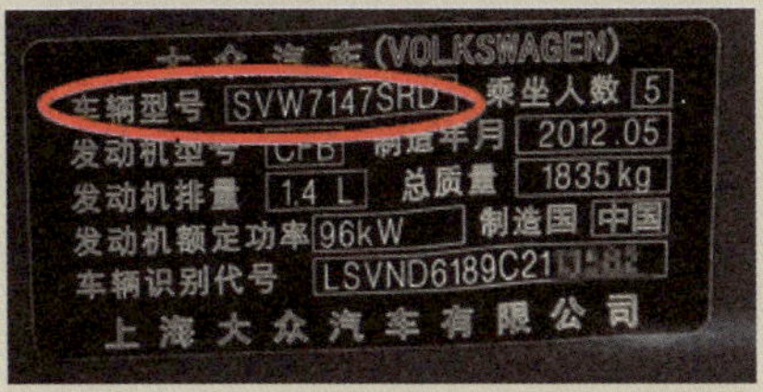	
3	车辆识别码	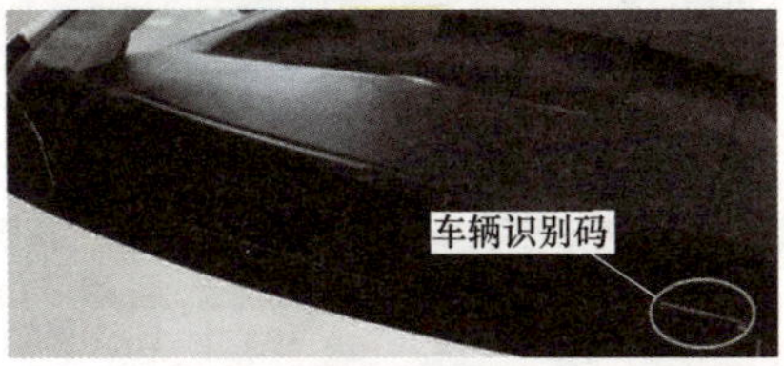	
4	发动机型号		

3. 检查火花塞并说明该火花塞是否需要进行更换（下图为火花塞）。

4. 用户本次想更换好一些的火花塞，请用你的专业知识向用户推荐一款火花塞并说明推荐原因。

5. 对车辆进行火花塞更换作业，在下表中填写相关步骤和工具、设备以及耗材。

序号	步骤	工具/设备/耗材
1		
2		
3		
4		
5		
6		
7		
8		
9		
10		

6. 工作任务打分表。

序号	项目	参考配分	组评	师评	得分
1	实训着装及实训准备	20			
2	工作计划的制订	20			
3	按照计划执行具体工作任务的情况	30			
4	能否正确排除车辆故障	20			
5	安全环保及 5S 意识	10			

2.14 车辆的全面检查

> 任务描述

用户要进行一次长途自驾,到店进行车辆的全面检查。你作为店里的维修技师,对用户的车辆进行相关的维护操作,并做出相应的解释说明。

工作任务打分表。

	项 目	配分	得分
基本信息	行驶里程:	1	
	车辆识别号:	1	
	车辆型号:	1	
	发动机型号:	1	
	发动机编码:	1	
专业描述	整车运行情况:	1	

	序号	工作内容		配分	得分	检查结果		
车辆维护和检查	1	检查灯	近光远光	3				
			转向灯	3				
		检查电器	点烟器	3				
			音响	3				
	2	检查后视镜		3				
	3	检查驻车制动		3				
		检查驾驶人安全带		3				
	4	检查刮水器和洗涤装置,检查喷嘴		3				
	5	检查刮水片是否损坏和功能正常		3				
	6	检查车窗升降功能		3				
	7	检查车身油漆(划痕\不平)		3				
	8	检查轮胎	检查胎面磨损	3		车轮	轮胎型号	
						前轮		
						后轮		
						备胎		
			胎面有无异物	1				
			胎压	3		使用工具	胎压表	
						车轮	标准值	测量值
						左前轮		
						右前轮		
						左后轮		
						右后轮		
						备胎		

（续）

	序号	工作内容		配分	得分	检查结果		
车辆维护和检查	8	检查轮胎	胎纹深度（数值）	3		使用工具		
						车轮	极限值	测量值
						左前轮		
						右前轮		
						左后轮		
						右后轮		
						备胎		
	9	检查传动带的张紧力（测1根即可）		3				
	10	检查发动机舱内的发动机及相关部件，目检是否漏油和损坏		3				
	11	举升车辆，变速器、主减速器和可转动橡胶护套，目检是否漏油和损坏-举升		3				
	12	检查转向横拉杆头-举升		3				
	13	检查制动装置	拆装前轮轮胎	3		安装工具		力矩标准值
			目检是否有漏油和损坏	3				
			检查制动液液位	3				
	14		检查制动摩擦片磨损情况	3				
			检查前摩擦片厚度	3		测量值		标准值
						工具		游标卡尺
	15	检查排气装置，目检是否锈蚀和损坏		3				
	16	检查底盘零件和车身承重零件是否有损坏和锈蚀-举升		3				
	17	检查发动机机油位、质量		3				
	18	检查冷却液液位		3				
	19	检查动力转向液液位		3				
	20	操作规范与安全防护（举升机安全锁止、举升臂的放置、车辆防护等）		3				
		合计						
分析处理								
检查结果分析及结论				3	得分			
维修建议				3	得分			
总分								